HISTOIRE

DE LA RELIGION CHRÉTIENNE

PARIS

1847

Ⴏ

L'ÉCHELLE CATHOLIQUE.

H

OUVRAGES DU MÊME AUTEUR.

1 Abrégé de GÉOGRAPHIE PHYSIQ. ET POLITIQ. — Paris, 1809.

2 Examen apologétique de la CHARTE DE LOUIS XVIII, par un Prêtre catholique. — Paris, 1829.

3 Notice sur les CARMÉLITES DE COMPIÈGNE. — Paris, 1835.

4 Rapport sur la PHILOSOPHIE DE L'HISTOIRE de M. l'abbé Cacheux. — Avril 1845.

5 Rapport sur le MANUEL DE CHRONOLOGIE de M. Sédillot. — Septembre 1845.

6 Mémoire sur la CIVILISATION DE L'ARMÉNIE CHRÉTIENNE. — Décembre 1845.

7 Rapport sur l'ouvrage de M. l'abbé Garabed, intitulé : SOULÈVEMENT DE L'ARMÉNIE AU Vᵉ SIÈCLE, écrit par le vartabed Élisée. — Février 1846.

8 Mémoire sur la DÉCOUVERTE DU TOMBEAU DE SAINT EUTROPE, faite le 19 mai 1843. — Avril 1846.

9 Mémoire sur la MÉTHODE PHILOSOPHIQUE DE DESCARTES. — Août 1846.

10 Rapport sur les NÉGOCIATIONS DIPLOM. DE LA FRANCE ET DE L'AUTRICHE, au comm. du XVIᵉ siècle, de M. Leglay. — Octobre 1846.

11 Lettre à M. le baron TAYLOR, Prés. de l'Institut hist., sur le CONGRÈS DE GÊNES. — Novembre 1846.

12 Rapport sur les INSCRIPTIONES HELVETICÆ de M. J.-G. Orelli. — Décembre 1846.

13 Mémoire sur le CONGRÈS DE GÊNES. — Janvier 1847.

14 Mémoire sur les principaux MONUMENTS DU BOURBONNAIS. Mai 1847.

15 Mémoire sur la TOLÉRANCE RELIGIEUSE. — Juillet 1847.

16 Rapport sur l'HISTOIRE DE FRANCE ET L'HISTOIRE SAINTE de M. Guadet, et sur le MANUEL DE LA LANGUE GRECQUE de M. Th. Blin. — Octobre et novembre 1847.

L'ÉCHELLE CATHOLIQUE

OU

HISTOIRE

DE LA RELIGION CHRÉTIENNE

PAR SIÈCLES

SUIVIE D'UN

TABLEAU DES FÊTES ET CÉRÉMONIES

DE L'ÉGLISE

Par M. l'Abbé J.-B.-A. A.

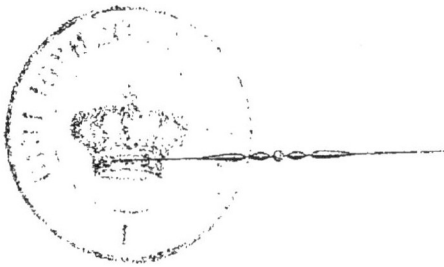

PARIS

A LA SOCIÉTÉ DES ÉDITEURS ET LIBRAIRES CATHOLIQUES

RUE DE SÈVRES, 59

—

1847

OBSERVATIONS PRÉLIMINAIRES.

L'*Échelle catholique* est le résultat d'une heureuse pensée, inspirée par le zèle à Mgr *N. Blanchet*, archevêque d'Orégoncity et primat d'*Orégon*. Placé par la Providence au milieu de peuplades sauvages, dont les langues sont informes et diverses, il a voulu, pour arriver à l'intelligence, parler aux yeux, afin de n'avoir pas besoin d'employer le langage ordinaire, afin de se faire entendre de tous. Il a imaginé de représenter par des dessins, ou peintures, ou gravures, les principaux faits et les principaux personnages de l'histoire de la religion, employant même ces sortes de figures pour donner une idée des *sacrements*, des *vertus* et autres matières relatives au dogme, à la morale et au culte.

En disposant ces nombreuses représentations selon l'ordre des *siècles*, dont le premier occupe le bas du tableau, on arrive ainsi jusqu'à nos jours, et même jusqu'à la fin du monde, chaque siècle formant un *degré*; les *trente-trois* ans de la vie de Notre-Seigneur interrompent seuls cette série ou plutôt la complètent : chacune d'elles vaut un siècle et au delà. Ce tableau se nomme *Échelle catholique*.

Il a été publié en Belgique et en France, et les diverses *Missions* ont manifesté le désir de l'employer dans les contrées lointaines où elles portent l'Évangile.

Les conseils de la *Propagation de la Foi* l'ont adopté, et bientôt il parcourra le monde avec les prêtres, les religieux, les religieuses qui se dispersent pour instruire les nations étrangères à notre civilisation.

Mais notre civilisation elle-même peut en profiter. Une multitude d'écoles et de pensions s'en servira pour attirer l'attention et fixer les idées des enfants. Déjà des instituteurs, des institutrices ont demandé à en faire usage, et il a fallu faire annoncer par les journaux la nouvelle édition.

Cependant on a bientôt senti que ces tableaux avaient besoin d'une explication. On a compris que l'enchaînement des faits, leurs détails et leur importance; l'exactitude des doctrines; les développements que comportent, que réclament certains points de dogme et de morale ; les difficultés que présente l'histoire ; les objections qui sont opposées aux vérités de la foi, exigeaient qu'un *texte écrit* donnât aux catéchistes et aux instituteurs toute la sécurité, toute la facilité nécessaires.

Tel est le but primitif de l'ouvrage que nous publions.

Mais nous avons pensé que c'était une occasion pour exposer en abrégé tout ce qu'il importe de savoir quand on enseigne la religion.

Souvent les personnes chargées d'instruire l'enfance ne peuvent qu'avec de nombreuses recherches éclaircir certaines questions qui, habituellement, ne sont pas traitées dans les ouvrages élémentaires et qui pourtant se présentent assez souvent dans les conversations et les discussions religieuses. Notre intention a été de les mettre sur la voie pour en avoir la solution. Souvent un seul mot, une seule phrase nous a servi sans commentaire, ainsi que le prescrivait notre plan. Nous voulions un précis ; nous avons exprimé, pour ainsi dire, le suc des vérités chrétiennes. Dieu veuille que nous ayons produit un parfum agréable, une nourriture saine et fortifiante !

Ce livre peut donc être employé seul et indépendamment du tableau dont il donne l'explication.

Il est destiné principalement aux catéchistes et aux instituteurs ; mais il est à la portée de toutes sortes de personnes, et nous espérons que la multitude des faits contenus dans un si petit nombre de paroles, n'ôtera point à sa lecture l'attrait qui engage à poursuivre et à méditer.

Nous avons voulu, en effet, provoquer une étude plus approfondie de la religion, bien que nous ayons essayé d'exposer l'essentiel. JÉSUS-CHRIST a dit : « Celui qui boira de l'eau que je « lui donnerai, n'aura plus soif de l'eau com-« mune, mais elle deviendra en lui une source « qui jaillira jusque dans la vie éternelle. »

Les mêmes pensées et les mêmes espérances nous ont engagé à donner à notre *Histoire de la Religion chrétienne* un supplément non moins curieux, le *Tableau des fêtes et cérémonies de l'Église*. C'est le moyen de rendre l'histoire du christianisme plus intéressante encore et plus populaire. Chaque époque, chaque jour de l'année aura ainsi son attrait, et il deviendra facile d'honorer les *mystères* et les *saints* dont nous avons exposé l'origine et les titres.

L'ÉCHELLE CATHOLIQUE

OU

HISTOIRE

DE LA RELIGION CHRÉTIENNE

PAR SIÈCLES.

L'*Église romaine,* pour instruire les hommes, pour les amener, selon la volonté de Dieu, à la *connaissance de la vérité,* n'a besoin que de raconter son histoire. Les dogmes qu'il faut croire, les préceptes qu'il faut observer, le culte qu'il faut pratiquer, tout lui a été révélé successivement et *par degrés ,* la sagesse divine ayant toujours proportionné ses communications aux besoins et aux devoirs des diverses générations qui se sont succédé dans la suite des siècles.

L'exposé des événements est d'ailleurs l'instruction la plus simple, la plus imposante et la plus sûre. On ne peut se tromper quand les preuves sont appuyées sur des faits.

Or, l'histoire des faits principaux, depuis le commencement jusqu'à nous, est l'histoire de l'*Église catholique,* laquelle est ainsi nommée parce qu'elle s'étend à tous les temps et à tous les lieux.

Un tableau qui représente la suite, la succession, l'enchaînement de ces faits depuis l'origine du monde jusqu'à sa fin, est donc très-justement nommé *Échelle catholique.* C'est ce tableau que nous allons exposer.

1

PREMIÈRE PARTIE.

DEPUIS L'ORIGINE DU MONDE JUSQU'A LA NAISSANCE D'ABRAHAM.

—

Le monde que nous habitons, c'est-à-dire la terre, le soleil, la lune, les étoiles et tout ce qui forme l'univers, a eu un commencement. Ces différents êtres n'existent pas par eux-mêmes. Ils doivent leur existence à un *Être suprême*, existant lui-même de toute éternité, n'ayant par conséquent ni commencement ni fin. Cet *Être nécessaire*, qui a donné l'existence à tous les autres, qui non-seulement les surpasse tous en pouvoir et en perfection, mais qui contient en lui-même toutes les perfections, dont il leur communique une partie, cet *Être parfait*, nous l'appelons *Dieu*.

Dieu, parce qu'il est parfait, ne saurait être assujetti, comme le sont les *corps*, à toutes les imperfections que nous remarquons dans ce qui est matériel. La *matière* est bornée, inerte, inintelligente, composée de parties, exposée à la décomposition, etc. Dieu est un *esprit*, dont l'intelligence est infinie; dont l'activité est toute-puissante; dont la science pénètre le passé, le présent et l'avenir; dont l'unité absolue exclut toute idée de parties, de division et de fin. C'est pour cela que les Américains indigènes ont raison de l'appeler le *Grand Esprit*.

Dieu est *un* et il est *unique*. Et cependant en Dieu il y a trois personnes distinctes, le *Père*, le *Fils* et le *Saint-Esprit*, de sorte qu'il y a *trinité* de personnes et *unité* de nature. Voilà le *mystère de la sainte Trinité*.

Et, pour donner une idée de ce *mystère*, on a imaginé de représenter ces trois personnes sous une forme sensible. Les peintres et autres artistes suppléent ainsi à l'insuffisance de l'art et de notre esprit. Dieu le *Père* est figuré par un vieillard vénérable, qui rappelle l'éternité; Dieu le *Fils* semble plus jeune à cause de son titre, quoiqu'il soit éternel comme le Père; Dieu le *Saint-Esprit* paraît sous la figure d'une colombe, parce qu'il se manifesta un jour de cette manière. Mais il ne faut jamais oublier que ces figures ne sont que des allégories. Le fils de Dieu est aussi nommé le *Verbe*, comme le dit l'Apôtre saint Jean : « Au com- « mencement était le Verbe, et le Verbe était en Dieu, « et le Verbe était Dieu. »

Une autre représentation de la *sainte Trinité*, c'est le *triangle* à trois côtés égaux, qui indique que les trois personnes sont égales en toutes choses et ne font qu'un seul tout.

Or, Dieu était de toute éternité, et nulle autre substance n'existait avec lui; mais il lui plut de produire d'autres êtres et de manifester ainsi sa puissance et sa sagesse. Il *créa* d'abord, c'est-à-dire qu'il fit de rien la *matière* dont il voulait composer l'univers, et les *esprits* destinés à le gouverner sous son autorité souveraine. C'est ce que la *sainte Écriture* exprime ainsi : « Au commencement, Dieu créa le ciel et la terre. » Puis, afin de montrer que cette création n'était pas l'effet d'une cause nécessaire, mais le produit d'une volonté réfléchie, Dieu donna à son ouvrage divers degrés successifs de perfectionnement dans un ordre admirable.

Le *premier jour*, Dieu fit la *lumière*, c'est-à-dire ce

fluide répandu dans tous les corps et probablement le même que la chaleur, lequel, dans certaines circonstances données, se manifeste avec éclat, comme nous le remarquons principalement dans le soleil. On croit que, ce même jour, furent créés les *Anges*, esprits célestes dont Dieu se sert pour faire connaître et exécuter ses volontés.

Le *second jour*, Dieu fit le *firmament*, divisant les eaux supérieures et inférieures, déterminant entre les divers fluides cette harmonie qui résulte de la diversité de leur pesanteur et de l'équilibre qui les balance et les maintient dans l'ordre établi pour le bien général. Il donna au firmament le nom de *ciel*.

Le *troisième jour*, Dieu sépara, dans le globe que nous habitons, les parties liquides des parties solides, réunissant les premières dans ces grands bassins qu'il appela *mers* et faisant surgir les autres, qui prirent le nom de *terre*. Alors furent produites, avec leurs germes, les *plantes* de toute espèce qui couvrent le globe terrestre et qui font sa parure; depuis le cèdre jusqu'à l'hyssope, depuis le cactus jusqu'à la violette.

Le *quatrième jour*, pour développer les germes qu'elle avait reçus, la terre avait besoin de lumière et de chaleur. Aussi Dieu fit le *soleil*, la *lune* et les *étoiles*, dont les salutaires influences devaient aussi servir à des créatures plus parfaites et à d'autres corps célestes.

Le *cinquième jour*, les eaux produisirent les *poissons*, et l'air fut peuplé par les *oiseaux*, êtres vivants, qui non-seulement végètent comme les plantes, mais ont de plus la faculté de se mouvoir, nageant et voltigeant selon l'élément dans lequel ils se trouvent.

Le *sixième jour* était réservé pour les *animaux* destinés à peupler la terre et à seconder le chef, le maître qui devait leur être donné, dans les embellissements et les améliorations qu'il voudrait introduire, en appliquant aux êtres *matériels* l'autorité, les inventions de son *esprit*. Ce maître, c'était l'*homme*, dont il est dit que Dieu le créa à son *image,* c'est-à-dire qu'outre le *corps* par lequel il ressemble aux animaux, l'homme reçut une *âme*, par laquelle il ressemble à Dieu, ayant la faculté de percevoir et de vouloir, de connaître et d'aimer, l'*intelligence* et la *volonté.* En conséquence l'homme a reçu la *liberté,* c'est-à-dire le pouvoir de choisir entre les choses qui occupent son intelligence et attirent ses affections, de s'attacher à l'une et de rejeter l'autre; agréable à Dieu, s'il s'attache à ce que Dieu veut, coupable devant Dieu, s'il s'attache à ce que Dieu défend. Le premier homme s'appela *Adam ;* Dieu lui donna une compagne semblable à lui, qui fut nommée *Ève.* Leur union est l'origine du mariage. Ainsi finit la création du monde.

Le *septième jour,* Dieu cessa de produire. C'est pourquoi l'Écriture dit qu'il se reposa. Et, pour rappeler la création, il voulut que chaque septième jour fût aussi pour les hommes un jour de repos. Ainsi le *dimanche* est consacré au repos, et les hommes, renonçant aux travaux corporels, doivent méditer sur les œuvres de Dieu, lui offrir leurs adorations et se préparer au *repos éternel,* que Dieu leur destine.

Malheureusement Adam et Ève ne firent pas un bon usage du repos et de la liberté que Dieu leur avait donnés. Il les avait placés dans le *paradis terrestre,* jardin délicieux où des fruits de toutes les saveurs s'offraient aux heureux époux pour les nourrir et charmer la vue et le goût, notamment celui de l'*arbre de vie*, qui entretiendrait en eux la vigueur et la santé du corps. Adam et Ève devaient y *travailler* sans fatigue et le *garder* sans trouble jusqu'au moment, où transportés dans le *ciel*, dans le *paradis éternel*, ils jouiraient d'un bonheur infini, étant unis à Dieu de la manière la plus parfaite. Mais Dieu voulait éprouver ceux qu'il avait comblés de biens : pour des créatures raisonnables et libres, il est un autre bonheur que les jouissances matérielles. La reconnaissance et le dévouement offerts en échange des bienfaits, ajoutent à la joie de celui qui a reçu comme à la gloire de celui qui a donné. Dieu donc excepta de cette multitude d'arbres dont Adam et Ève pouvaient cueillir les fruits, un seul arbre, aux fruits duquel il leur défendit de toucher. Cette privation ne troublerait pas leur bonheur; cette marque d'obéissance serait un mérite. La désobéissance devait être punie; Dieu leur dit : « Si vous mangez du *fruit défendu*, vous mourrez. »

Alors le *démon*, un de ces anges que Dieu avait créés pour exécuter ses ordres, mais qui avait, par son orgueil, encouru la disgrâce de son Créateur et avait été, avec d'autres anges rebelles, précipité dans l'*enfer*, le *démon* entreprit de rendre aussi l'homme rebelle. S'étant revêtu de la figure d'un *serpent*, il tenta Ève et la détermina à manger du fruit défendu. Ève en présenta à son époux, qui en mangea à son exemple.

La désobéissance fut bientôt punie. Dieu fit d'abord tomber sa colère sur le tentateur, et après avoir maudit le serpent dont le démon avait pris la figure, il annonça au démon que son empire sur les hommes n'aurait qu'un temps, et que *la femme lui écraserait la tête;*

il dit à la femme qu'*elle mettrait au monde des enfants dans la douleur, et qu'elle serait sous la puissance de l'homme*; enfin il condamna l'homme à cultiver la terre pour en tirer des fruits, *mangeant son pain à la sueur de son front,* et il lui prédit qu'il rentrerait dans le sein de cette terre d'où il avait été tiré; car, ajouta-t-il, « Vous êtes poussière, et vous retournerez en poussière. »

Le péché d'Adam ne fut pas seulement puni dans son corps; mais l'âme elle-même éprouva une révolution funeste. Au lieu des lumières et des heureux penchants dont elle était ornée, elle devint sujette à l'*ignorance* et à la *concupiscence*, le penchant au mal l'entraînant et les passions aveuglant la raison. Privée d'ailleurs des bonnes grâces de Dieu, elle devait être à jamais en état de *réprobation* et partager avec les démons les tourments de l'*enfer*.

L'*enfer*, ce lieu de supplices, où les mauvais anges ont été précipités, impose aux réprouvés deux sortes de peines, la peine du *dam*, qui consiste dans la séparation de Dieu, et celle du *sens*, qui est causée par le *feu éternel* dont ils sont dévorés, Dieu permettant que les démons eux-mêmes, revêtus quelquefois de formes hideuses, ajoutent à leurs tourments.

Le péché d'Adam ayant produit en lui tous ces désordres, il en a laissé le triste héritage à sa postérité, et ses enfants sont nés dans l'état de réprobation où il était lui-même, l'âme souillée du *péché originel* et le corps sujet aux *maladies* et à la *mort*.

Dieu, dans sa miséricorde, ne laissa pourtant pas le genre humain sans ressource, sans espoir. Adam et Ève comprirent que leur péché serait *réparé*, et que leur *repentir* obtiendrait le pardon en vue du *rédempteur*, qui devait venir écraser la tête du serpent.

Aussi, pensant à la fragilité humaine, Dieu établit un lieu d'expiation, où les hommes qui mourraient sans être assez purs pour entrer dans le ciel, achèveraient d'effacer leurs taches: c'est le *purgatoire*, d'où les bons anges font sortir les âmes des élus, aussitôt que la justice divine est satisfaite.

Cependant Adam et Ève furent chassés du paradis terrestre, et Dieu plaça à l'entrée un ange, un *chérubin*, avec un *glaive de feu* pour empêcher les hommes de toucher aux fruits de l'*arbre de vie*.

Le premier fils d'Adam fut *Caïn* et le second *Abel*. Le premier se fit laboureur et le second berger. Tous deux offrirent à Dieu des sacrifices, l'un des fruits de la terre, l'autre des premiers-nés de son troupeau. Soit que Caïn eût pris moins de soin de choisir ses offrandes, soit que les sentiments de son cœur fussent moins purs, Dieu n'agréa point son sacrifice, tandis qu'il manifesta à son frère Abel une satisfaction, une bienveillance sensible, qui inspira à Caïn un vif sentiment de jalousie.

Poursuivi par sa haine, il emmena Abel à l'écart et il le tua. Ce *crime affreux* attira sur Caïn la malédiction de Dieu, qui pourtant lui aurait pardonné s'il avait fait pénitence; mais il ajouta à son premier péché l'obstination et le désespoir.

Dieu dédommagea Adam et Ève de la douleur causée par la mort d'Abel, et il leur donna un autre fils nommé *Seth*. Il naquit l'an du monde 130 et vécut 912 ans.

Il eut, à 105 ans, un fils nommé *Énos*, qui vécut

905 ans. Ce fut lui qui commença, par un *culte public, à invoquer le nom du Seigneur*.

A 90 ans, il vit naître son fils *Caïnan*, qui arriva jusqu'à l'âge de 910 ans.

Malaléel, son fils, naquit en l'an du monde 395, et vécut 895 ans.

La vie de *Jared*, fils de Malaléel, fut de 962 ans, et il vit l'an du monde 1422.

Mais son fils *Hénoch* ne resta pas longtemps sur la terre. Ses vertus et ses bonnes œuvres méritèrent que Dieu l'enlevât au ciel à l'âge de 365 ans.

Alors son fils *Mathusalem* avait déjà 300 ans, et il dut peut-être aux mérites et aux leçons de celui qui lui avait donné le jour, une vie plus longue que celle de tous les patriarches; il atteignit sa 970e année. Dieu quelquefois commence sur la terre à récompenser ses élus.

Lamech, fils de Mathusalem, n'eut d'enfants qu'à l'âge de 182 ans, et il obtint, par ses prières et ses sacrifices, que son fils *Noé* fût préservé de la contagion des scandales, que les crimes des hommes répandaient par toute la terre.

En effet, la race de Caïn s'était aussi multipliée. Il avait établi ses enfants dans une ville à laquelle il avait donné le nom de son fils *Hénoch*, nom que porta depuis le vertueux père de Mathusalem. C'est là que furent inventés les arts destinés à procurer le *bien-être* sur la terre. Le septième descendant de Caïn, *Jubal*, se servit le premier des instruments de musique, et *Tubalcaïn*, son frère, enseigna à forger l'airain et le fer. Mais le bien-être du corps faisait oublier les vertus, qui font le bonheur et la perfection de l'âme.

Quand Adam mourut, en l'an 930, il avait déjà été témoin de grands désordres, qui sans doute rendirent encore plus vif le repentir de son propre péché.

Les descendants de Seth eux-mêmes s'étaient laissé corrompre ; ils s'étaient unis par le mariage à la postérité de Caïn, et ils en avaient adopté les usages et imité les vices. La corruption fut telle que Dieu résolut de détruire le genre humain tout entier.

Heureusement *Noé*, fils de Lamech, s'était conservé pur au milieu des crimes et des infamies, et il avait *trouvé grâce devant le Seigneur.*

Aussi le Seigneur lui apparut et lui annonça que bientôt il allait inonder la terre par un *déluge universel* et y faire périr toute la race des hommes. Il lui commanda alors de construire une *arche*, un grand vaisseau dans lequel il pût être sauvé lui et sa famille.

La *famille de Noé* était composée de *huit personnes ;* sa femme, ses trois fils et leurs épouses avaient imité jusque-là les bons exemples de leur chef. *Japhet, Sem* et *Cham*, qui étaient nés quand leur père avait déjà vécu cinq siècles, écoutaient ses avis, et ils le secondèrent pour exécuter les ordres du ciel.

L'*arche de Noé* fut terminée l'an du monde 1656, et les menaces du Seigneur commencèrent à se réaliser. Il ordonna à Noé de faire entrer dans l'arche des animaux de toutes espèces, et de s'y renfermer lui-même avec sa famille. Alors *s'épanchèrent en torrents les sources du grand abîme et les cataractes du ciel furent ouvertes,* et pendant quarante jours une pluie affreuse tomba sur la terre. Les eaux envahirent les villes et les champs, s'élevèrent jusqu'au sommet des montagnes, et les plus hautes d'entre elles disparurent. L'arche surnageait néanmoins et préservait de la mort Noé, et ceux qui étaient avec lui. Mais tout ce qui n'y était pas entré fut emporté par le déluge, les hommes, les animaux, les oiseaux même; tout périt.

Un an se passa avant que Noé pût remettre le pied sur la terre; les eaux ayant peu à peu diminué, il envoya la *colombe* qui, revenue une fois sans avoir trouvé où poser le pied, apporta, sept jours après, un *rameau d'olivier* orné de feuilles verdoyantes, et bientôt l'arche s'arrêta sur les *montagnes d'Arménie*.

Le premier soin de Noé fut d'élever un autel, et d'offrir au Seigneur un holocauste en action de grâces. Dieu lui dit alors qu'il ne désolerait plus la terre par le déluge, et *l'arc-en-ciel* fut le gage de cette promesse. Il répandit aussi sa bénédiction sur Noé et sur ses *descendants*, leur annonçant toutes sortes de prospérités.

Mais *Cham* se rendit indigne des grâces du ciel. Noé ayant goûté du vin, dont il ne connaissait pas la force, tomba dans l'ivresse, et, s'étant endormi, il se trouva découvert d'une manière indécente. Cham prit un malin plaisir à le faire remarquer, tandis que ses frères, étant avertis, apportèrent un manteau et, se détournant, en couvrirent leur père. Celui-ci, en étant averti, *maudit* Cham, dans la personne de son fils *Chanaan*, dont la postérité a partagé la peine.

Cependant les hommes, s'étant multipliés, reprirent des sentiments d'orgueil et de vanité, et, avant de se disperser, ils voulurent élever une tour qui montât jusqu'au ciel et portât leur nom aux générations futures. Dieu, pour les punir, se contenta de changer les organes de leur voix, de sorte que leur langage fut *confondu*, et ils ne se comprenaient plus les uns les autres.

Cette *confusion des langues* fit donner au monument le nom de *tour de Babel.*

Ce fut une raison de plus pour que les hommes se dispersassent sur la terre, et les descendants de *Japhet* peuplèrent l'*Europe;* ceux de *Sem,* l'*Asie;* ceux de *Cham,* l'*Afrique*, sauf quelques exceptions.

Cette *dispersion* commença vers le milieu du dix-huitième siècle du monde, et le vingtième siècle venait de finir quand Noé mourut en 2006, et qu'*Abraham* naquit en 2008.

A cette époque les histoires profanes ont laissé quelques traditions, comme la fondation du royaume de Sicyone en Grèce, qui remonte à 1915.

DEUXIÈME PARTIE.

DEPUIS LA NAISSANCE D'ABRAHAM JUSQU'A CELLE DE JÉSUS-CHRIST.

Les descendants de Noé, en se multipliant et se répandant sur la terre, oublièrent, presque tous, les bienfaits de Dieu, et portèrent sur les créatures les affections et les hommages qu'ils devaient au Créateur. Ils en vinrent au point d'adorer le soleil et la lune, des hommes semblables à eux, des animaux et même des statues d'or et d'argent, de bois et de pierre; ils devinrent *idolâtres.* La sainte Écriture nous a tracé de ces désordres un tableau effrayant, que les autres histoires du monde répètent.

Quelques hommes fidèles continuèrent de servir Dieu, et l'Écriture parle de *Melchisédech*, roi de Salem, qui était prêtre du *Dieu très-haut*. Mais ces exemples étaient rares.

Pour conserver au milieu de l'univers les traditions premières et la *vraie religion*, Dieu résolut de choisir un peuple et un pays où les anciennes *révélations* se-raient rappelées, où, par une *autorité visible*, les dogmes et les préceptes seraient enseignés et imposés.

Mathusalem, qui avait vécu avec *Adam* pendant 300 ans, et transmis à Noé et à *Sem* ce qu'il avait appris du premier père des hommes, n'étant mort que l'année même du déluge, laissait ainsi vivantes les traditions primitives. Sem vécut six cents ans, et il ne mourut qu'en l'an du monde 2158.

Or, à cette époque, Dieu avait commencé à se former un *peuple choisi*. *Abraham* était né; il avait atteint sa 150e année; *Isaac*, son fils, avait 50 ans.

Abraham descendait de Sem et demeurait avec son père Tharé, en Chaldée. Ils vinrent en Mésopotamie, où Tharé mourut. Dieu, qui avait déjà manifesté ses volontés à Abraham, lui parla de nouveau, et lui dit : « Sortez de votre pays, de la maison de votre père; « venez dans la terre que je vous montrerai. Je ferai sortir « de vous un grand peuple, et je vous bénirai. En vous « seront bénies toutes les nations du monde. »

Abraham avait alors 75 ans. Sur la parole de Dieu, il alla s'établir dans la *terre de Chanaan*, qui s'appelle maintenant *Palestine*.

Loth, son neveu, se fixa dans la ville de *Sodome*, dont

les habitants s'abandonnaient à toutes sortes de vices, ainsi que ceux de *Gomorrhe*. Ils voulurent même insulter trois anges à qui Loth avait donné l'hospitalité. Alors les anges dirent à Loth de sortir de la ville avec sa femme et ses deux filles, et ils firent tomber sur cette infâme contrée une pluie de feu et de soufre, qui la transforma en un lac pestilentiel appelé la *mer morte*. La femme de Loth, s'étant retournée en fuyant, fut changée en *statue de sel*.

Et pourtant Abraham n'avait point d'enfant de sa femme *Sara*. Ce fut à l'âge de 100 ans qu'il devint père d'*Isaac*, que l'Écriture appelle le *fils de la promesse*, parce que les promesses divines devaient être accomplies en lui.

Cependant, pour éprouver la foi d'Abraham, Dieu lui ordonna d'offrir en *sacrifice* son fils Isaac; déjà le bûcher était prêt, et Abraham tenait le glaive pour lui donner la mort, quand un ange vint arrêter sa main et lui dire que Dieu, qui ne veut pas de victimes humaines, avait eu seulement l'intention d'ajouter de nouveaux titres aux bénédictions promises.

Isaac épousa *Rébecca*, petite-fille de Nachor, frère d'Abraham, et il eut d'elle deux fils, *Ésaü* et *Jacob*. Celui-ci, à qui son frère avait vendu le droit d'aînesse, et qui, en conséquence, avait reçu d'Isaac les bénédictions destinées à l'aîné, fut obligé de fuir, pour échapper à la colère d'Ésaü, qu'il en avait frustré. Il partit pour la Mésopotamie, et, pendant la route, il eut une *vision* qui lui représentait les anges montant et descendant sur une *échelle;* Dieu lui-même apparut et renouvela à Jacob les promesses déjà faites à Abraham.

Après avoir passé vingt ans près de son oncle *Laban*, dont il avait épousé les deux filles *Lia et Rachel*, Jacob revint dans le pays de Chanaan, et *se réconcilia* avec son frère Ésaü.

Il avait alors onze fils, le premier *Ruben*, le second *Siméon*, le troisième *Lévi*, le quatrième *Juda*, le onzième *Joseph*. Celui-ci était fils de Rachel, l'épouse préférée de Jacob, laquelle, quinze ans après, mit au monde *Benjamin* et mourut. Ses deux fils étaient aussi préférés par le père, et leurs frères en étaient jaloux.

Un jour que ces derniers étaient assez loin de la maison paternelle, occupés à faire paître les troupeaux, Joseph vint, de la part de Jacob, savoir si tout allait bien. Alors ils eurent l'affreuse pensée de le tuer; mais, par le conseil de Juda, ils se déterminèrent à le *vendre* à des marchands qui allaient en Égypte. Puis, afin de cacher leur crime, ils trempèrent sa robe dans le sang d'un chevreau, et l'envoyèrent à Jacob, en disant qu'ils l'avaient trouvée en cet état. Jacob crut alors qu'une bête féroce avait dévoré Joseph, et il le pleura.

Les marchands qui l'avaient acheté le revendirent à un riche Égyptien nommé *Putiphar*, qui, bientôt ayant remarqué les talents et la vertu de son esclave, lui donna toute sa confiance et l'établit intendant de tous ses biens. Mais sa femme, ayant conçu d'autres pensées et voulu engager Joseph à commettre un crime impur, sans avoir réussi, se saisit du manteau dont il était couvert, et le porta à Putiphar, comme si Joseph s'était approché d'elle avec des intentions criminelles. Putiphar furieux le fit enfermer dans la *prison* réservée aux grands criminels.

En prison même il obtint l'estime et il fut préposé

à la direction des autres prisonniers. Le grand *échanson* et le grand *panetier* du roi, qui étaient disgraciés et attendaient leur sort dans les fers, eurent chacun un songe prophétique, dont Joseph leur donna l'explication. Le premier, rentré en grâce, engagea le roi *Pharaon*, qui était fort inquiet d'un *songe* dont son sommeil avait été troublé, à consulter le jeune étranger. Joseph montra tant de perspicacité et de prudence que Pharaon voulut faire de lui son premier ministre, lui donnant tout pouvoir.

Le songe de Pharaon se rapportait à une *famine* qui devait affliger pendant sept ans l'Égypte et les pays voisins. Joseph prit des mesures si sages que l'abondance ne cessa de régner en Égypte, et qu'il put même vendre du froment aux peuples d'alentour. Ses frères, envoyés par Jacob, vinrent aussi pour acheter, et il les reconnut sans être reconnu par eux. Mais il voulut les éprouver, et leur ayant fait raconter leur histoire, il demanda à voir Benjamin, qu'ils n'avaient pas amené. Forcés de retourner, ils obtinrent avec peine de Jacob qu'il leur laissât emmener Benjamin. Quand Joseph revit son jeune frère, il fut profondément ému, et il s'écria : « Je suis Joseph; mon père vit-il encore ? » Surpris et effrayés, ses frères n'osaient répondre. Mais il les rassura, et, après leur avoir parlé de Dieu et de sa Providence, il leur dit : « Hâtez-vous; allez « annoncer à mon père tout ce que vous avez vu; « hâtez-vous de me l'amener. » Ils partirent, et Jacob, comme s'éveillant d'un profond sommeil, répondit : « C'est assez pour moi, si mon fils Joseph vit encore. « J'irai et je le verrai avant de mourir. »

Jacob et sa famille allèrent en Égypte, et Joseph ayant

présenté son père à Pharaon, les établit dans la terre de Gessen. C'était en l'an du monde 2298, et 215 ans après la vocation d'Abraham.

Jacob, nommé aussi *Israël*, mourut au bout de dix-sept ans, et les *Israélites* ou *Hébreux* commencèrent à se multiplier, et 120 ans après, ils formaient un peuple si nombreux que les Égyptiens en conçurent de l'inquiétude, et le roi *Pharaon-Ramessès* essaya, après les avoir réduits en *servitude* et assujettis à d'intolérables travaux, de détruire la race même, en faisant *jeter dans le Nil* tous les enfants mâles que les femmes israélites mettaient au monde.

Moïse fut ainsi exposé à périr; mais sa mère l'avait placé dans un *berceau d'osier*, qu'elle laissa flotter sur le fleuve au milieu des herbes du bord. La fille du roi vint là pour se baigner, et, prenant pitié de cet enfant qu'elle aperçut, elle le fit élever dans son palais, où il fut instruit dans *toute la science des Égyptiens*.

A l'âge de quarante ans, ayant voulu défendre un Israélite qu'un Égyptien menaçait, il fut obligé de se cacher, et il se retira dans le pays de Madian, de l'autre côté de la mer Rouge. Ayant épousé la fille d'un riche habitant du pays, il veillait sur les troupeaux de son beau-père. Un jour, sur le *mont Horeb*, il remarqua un *buisson qui brûlait sans se consumer*. S'étant approché pour observer ce prodige, il entendit la voix de Dieu, qui lui ordonna de retourner en Égypte pour être le libérateur de son peuple.

Moïse, secondé par son frère *Aaron*, vint trouver le roi *Pharaon-Aménophis*, et lui demanda, au nom de Dieu, de laisser les Israélites aller dans le désert offrir des sacrifices. Le roi ayant plusieurs fois refusé, l'Égypte

2.

fut frappée de plusieurs fléaux, qu'on appelle les *plaies d'Égypte*. Divers insectes, des grenouilles hideuses, les eaux changées en sang, d'affreuses ténèbres vinrent, par l'ordre de Moïse, tenant en main la *verge miraculeuse*, désoler le pays et les habitants.

Le roi s'obstinant toujours, Dieu prescrivit aux Hébreux d'immoler un *agneau* dans chaque famille, et, après avoir teint avec son sang l'extérieur des *portes de leurs maisons*, d'en manger les chairs, en observant certaines cérémonies. La nuit suivante, la dixième et dernière plaie tomba sur l'Égypte; un *ange exterminateur* toucha les portes de toutes les maisons, et fit périr les *premiers-nés* de chaque famille; mais il *passa* les portes qui étaient teintes du sang de l'agneau, et nul enfant des Hébreux ne mourut. Un festin semblable fut ordonné ensuite chaque année, et s'appela *la pâque*, c'est-à-dire le *passage*.

Alors les Égyptiens et leur roi pressèrent les Israélites de partir, et, s'étant mis en marche, le peuple se trouva près de la *mer Rouge*. Les Égyptiens voulurent le poursuivre, et le danger devint pressant. Moïse, par l'ordre de Dieu, étendit sa verge sur la mer, et les eaux s'entr'ouvrirent. *Les Hébreux passèrent à pied sec*, les eaux formant des deux côtés un mur miraculeux. L'armée égyptienne eut la témérité de les suivre. Mais à peine furent-ils arrivés sur l'autre rive, que, Moïse étendant de nouveau sa verge redoutable, les eaux reprirent leur cours et *engloutirent Pharaon et son armée*.

Tandis que les Égyptiens poursuivaient ainsi les serviteurs du *vrai Dieu*, un de ces païens qui avaient conservé les anciennes traditions, le servait merveilleusement dans une contrée voisine de celle où les Hébreux venaient d'aborder. Le saint homme *Job*, tombé de la prospérité dans la plus affreuse misère, dévoré par une *maladie* infecte, insulté par ses trois meilleurs amis, se soumit à la volonté de Dieu, devint un *modèle de patience*, et mérita de recouvrer la santé et d'immenses richesses.

Les Hébreux sortirent d'Égypte l'an du monde 2513, 215 ans après que Jacob y était entré, 430 après la vocation d'Abraham, selon le calcul de saint Paul, relatif à la promulgation de la loi. Cinquante jours après, ils se trouvèrent près du *mont Horeb*, où Moïse avait reçu les ordres de Dieu et dont un autre sommet s'appelait *Sinaï*. Ils formaient alors un peuple puissant, qui n'avait plus à suivre d'autres lois que les siennes propres. Depuis ce moment, la famille de chacun des fils de Jacob prit le nom de *tribu*. Dieu voulut alors rappeler les *lois primitives*, auxquelles tous les hommes et tous les peuples sont assujettis, et donner les *lois spéciales* qui convenaient aux Hébreux dans le pays qu'ils allaient habiter.

Pour inspirer aux hommes plus de respect et de soumission à la *loi fondamentale*, après avoir fait rassembler le peuple au pied du Sinaï, qui était couvert d'un épais nuage, d'où sortaient des tonnerres et des éclairs, le Seigneur fit entendre une voix éclatante, qui proclama ces *dix commandements*.

« Je suis le Seigneur, ton Dieu :

I Tu n'auras point d'autres dieux devant moi.
II Tu ne prendras point le nom de Dieu en vain.
III Souviens-toi de sanctifier le jour du repos.

IV Honore ton père et ta mère.

V Tu ne tueras point.

VI Tu ne commettras point d'adultère.

VII Tu ne déroberas point.

VIII Tu ne porteras point faux témoignage.

IX Tu ne désireras point la femme de ton prochain.

X Tu ne désireras rien qui soit à lui. »

Ces préceptes, avec leurs développements, furent entendus de tout le peuple, qui, saisi de frayeur, dit à Moïse : « Parlez-nous vous-même, et que le Seigneur « ne nous parle pas, de peur que nous ne mourions.»

Dieu alors parla à Moïse, et il lui ordonna de *monter sur le Sinaï*, où il resta quarante jours, et reçut les révélations divines, pour régler par des *lois écrites* ce qui regardait la *religion* et ce qui se rapportait au *gouvernement* du peuple. Après quoi, le Seigneur lui donna les dix commandements ou le *décalogue* écrit sur *deux tables* de pierre, que Moïse rapporta en descendant de la montagne. Lui-même écrivit les autres lois.

Mais pendant qu'il était sur le Sinaï, le peuple avait offensé Dieu. Croyant que Moïse ne reviendrait plus et se rappelant les idoles qu'il avait vus en Égypte, il demanda qu'on lui fît un *veau d'or*, et il lui offrit des adorations et des sacrifices. Moïse, après avoir adressé aux Israélites les reproches qu'ils méritaient et puni les plus coupables, intercéda pour eux et obtint leur grâce auprès de Dieu.

Il exécuta ensuite les ordres qui lui avaient été donnés. Il fit construire *l'arche d'alliance;* c'était un coffre en bois précieux, revêtu de lames d'or, dont le couvercle, nommé *propitiatoire*, était orné de deux figures d'anges ou chérubins. Elle fut placée dans une tente

magnifique, le *tabernacle*, où furent disposés un autel,
un chandelier d'or, des lampes et les instruments nécessaires pour les sacrifices. Là, Moïse établit *Aaron*
comme *grand prêtre*, attachant au service du tabernacle
toute la tribu de *Lévi*. Le grand prêtre devait instruire
le peuple, et, dans les circonstances difficiles, c'était lui
qui consultait Dieu. L'arche était destinée à renfermer
les *tables de la loi*, la *verge de Moïse*, et une mesure de
manne, de cette nourriture miraculeuse que Dieu envoya à son peuple dans le désert.

Ils s'en nourrirent pendant *quarante ans*. En effet,
après des murmures et des révoltes qui avaient souvent
irrité le Seigneur, ils mirent le comble à leurs péchés
en se plaignant de la *terre promise* où il les conduisait.
Ils disaient que ce pays, habité par les Chananéens,
était imprenable à cause des géants qui le défendaient,
et, après l'avoir fait explorer pendant *quarante jours*,
ils refusèrent de marcher pour s'en emparer. Dieu
alors les condamna à *errer dans le désert* autant d'années
qu'ils avaient employé de jours à *considérer le pays*. Là,
dans ces solitudes stériles, il faisait tomber chaque matin
une espèce de rosée, qui, se condensant comme de la
fleur de farine, formait un pain agréable au goût et for-
tifiant. C'était la *manne*.

Quand ils eurent subi leur peine, ils entrèrent dans
la *terre de Chanaan* sous la conduite de *Josué*, successeur de Moïse, et dispersèrent les habitants que Dieu
punissait bien plus sévèrement de leurs abominables
crimes, et la *terre promise* à Abraham fut occupée par
le peuple dont il était le père. Elle fut divisée en *douze
parties*, suivant le nombre des fils de Jacob. Seulement,
la tribu de *Lévi* ne devant point avoir de domaines qui

la détournassent du culte de Dieu, la postérité de Joseph fut divisée en deux tribus, *Ephraïm* et *Manassé*, suivant la volonté de Jacob.

Après Josué, les Israélites furent soumis, pendant plus de 300 ans, à des chefs que l'on désigne par le nom de *juges*, et qui les défendaient contre les peuples voisins, presque tous ennemis.

Othoniel les délivra de la servitude de Chusan, roi de Mésopotamie; *Aod* de celle d'Eglon, roi de Moab; et une femme, *Débora*, fut la principale cause de leur délivrance sous Jabin, roi de Chanaan.

Gédéon chassa les Madianites qui asservissaient Israël.

Après l'esclavage imposé par les Ammonites, *Jephté* devient le libérateur de son peuple. A cette même époque, en 2820, les Grecs s'emparèrent de la *ville de Troie*.

Les Philistins sont vaincus et chassés par *Samson*, sous le grand prêtre *Héli*, établi juge, mais trop faible pour réprimer et l'audace des ennemis et les désordres de ses enfants.

Samuel est plus ferme et plus heureux. Mais le peuple avait déjà formé le vœu d'être *gouverné par un roi*, et Samuel reçut de Dieu l'ordre de fonder ce nouvel ordre de choses.

Il sacra *Saül*, premier roi des Hébreux, qui régna pendant quarante ans, mais qui, par ses désobéissances multipliées, irrita le Seigneur et fut exclu du trône.

David, de la tribu de Juda, fut choisi de Dieu et sacré par Samuel. Ainsi commença à se réaliser la *prophétie de Jacob*, qui, annonçant à chacun de ses fils l'avenir de leur postérité, avait dit : « Le sceptre ne sortira « point de Juda, jusqu'à ce que vienne celui qui doit

« être envoyé. » Le *Messie* naîtra de la race de David.

Après un glorieux règne de 40 ans, David meurt, et a pour successeur son fils *Salomon*. Ce jeune prince, ayant demandé à Dieu la sagesse, devint le plus grand, le plus savant, le plus puissant des rois de cette époque. Mais, étant vieux, il se laissa entraîner à l'amour des plaisirs et à l'idolâtrie. Il fut puni par les ennemis qui s'élevèrent contre lui, et Dieu lui annonça que son royaume serait divisé.

Son fils *Roboam*, ayant rejeté les justes demandes du peuple, que Salomon avait chargé de très-lourds im-pôts, dix tribus se séparèrent de lui, et prirent *Jéroboam* pour roi. Il en résulta un schisme complet. Les tribus de Juda et de Benjamin formèrent le *royaume de Juda*, dont la capitale continua d'être *Jérusalem; Samarie* fut celle du *royaume d'Israël*.

C'est à Jérusalem que subsista le monument érigé pour honorer Dieu par un culte public digne d'un grand peuple, le *temple de Salomon*, dont la magnifi-cence l'a placé au nombre des merveilles du monde. Il fut consacré en l'an du monde 3001. Les rois d'Israël, pour empêcher leurs sujets de retourner aux rois de la maison de David, les éloignèrent du temple et du ser-vice de Dieu, et ils établirent à Samarie le culte des idoles.

Mais au milieu des guerres et des scandales, Dieu n'abandonna point son peuple. Il envoya, dans la suite des temps et selon les besoins, des *prophètes* qui, en annonçant les événements futurs, prouvaient leur mis-sion par des *miracles*, et rappelaient, au nom de Dieu, les *vérités* et les *devoirs*.

Élie parut d'abord, et, après avoir repris l'impiété

d'Achab et détruit le culte de Baal, il fut enlevé au ciel. Son disciple, *Élisée*, délivra Samarie. Ces deux prophètes ne nous ont laissé aucune de leurs instructions par écrit.

Nous avons au contraire les livres d'un assez grand nombre d'autres. Les quatre principaux, qu'on appelle *grands prophètes*, ont prédit les plus importants événements relatifs à la ruine de Jérusalem et à la venue du Messie.

Isaïe semble avoir vu ces événements et surtout l'*Homme-Dieu*, tellement qu'on dirait qu'il en écrit l'histoire. Il commença à prophétiser l'an du monde 3228, d'où les Grecs datent leur première *Olympiade*.

Jérémie déplore les crimes de Jérusalem et pleure sur ses ruines. Ses *lamentations* sont un chef-d'œuvre, et *Baruch*, son secrétaire, a dit sur la captivité de Babylone des choses admirables.

Ézéchiel et ses révélations transportent le lecteur jusque dans le sein de la divinité. Tous les mystères semblent lui avoir été découverts.

Daniel, prophète sublime et habile ministre, prédit l'époque précise où apparaîtra le Messie, et fait proclamer le vrai Dieu au milieu des idolâtres, qui, dans la *fosse aux lions*, où ils l'avaient jeté, le retrouvent plein de vie.

Les *douze petits prophètes* ont aussi chacun leur mission.

Osée retrace et foudroie les crimes des enfants d'Israël, surtout des princes et des prêtres. Il montre le *Fils* de Dieu revenant d'*Égypte*.

Abdias annonce le Christ et son Église, le *règne du Seigneur*.

Joël présage la ruine de Jérusalem et la venue du Saint-Esprit.

Amos prédit et pleure les malheurs de Juda et des peuples voisins, notamment la ruine du temple, puis son rétablissement.

Jonas, qui avait consolé Juda et prédit une défaite des Syriens, est envoyé prêcher à *Ninive* la pénitence.

Michée nomme *Bethléem*, où doit naître le Messie, dans le temps même où se fondait la ville de *Rome*, destinée à devenir le centre de la religion, l'an du monde 3251, 753 avant l'ère chrétienne.

Nahum prophétise la ruine de Ninive et la désolation d'Alexandrie et de l'Égypte. Il voit dans l'avenir l'*Évangile de la paix*.

Habacuc, semblant s'étonner de la prospérité des impies, annonce les châtiments qui éprouvent les justes, et les malédictions qui tombent sur les méchants.

Sophonie exhorte Israël à la pénitence, et présage sa conversion.

Aggée, témoin de la reconstruction du temple, le signale comme devant être visité par le *désiré des nations*.

Zacharie prévoit le sacerdoce du Christ et la mission des apôtres, la destruction de l'idolâtrie et le triomphe de l'Église. Selon lui, le Messie viendra en *roi plein de douceur*, et sera vendu *trente deniers*.

Malachie parle du sacrifice nouveau, de la *victime pure*, qui suivra l'abrogation de l'ancienne loi.

C'est ainsi que Dieu entretenait, au milieu des enfants de Jacob, et la religion véritable, et la foi dans le Messie à venir. Mais il châtiait sévèrement leurs infidélités. Le royaume d'Israël avait été détruit, sous le dix-septième roi, *Osée*, par *Salmanasar*, qui emmena en captivité les dix tribus, bientôt *dispersées* dans toute l'Assyrie. C'était vers l'an 3280.

Ézéchias gouvernait alors le royaume de Juda, servant Dieu et méritant sa protection, par laquelle il fut délivré de l'invasion de *Sennachérib*, fils et successeur de Salmanasar. L'armée de ce roi superbe fut frappée par l'ange exterminateur, et lui-même fut *assassiné* par deux de ses fils.

Mais cent ans après, les rois de Juda méritèrent aussi d'être punis, et *Nabuchodonosor*, roi de *Babylone* et de *Ninive*, s'empara de Jérusalem, détruisit le temple, et fit sortir les habitants de leur pays. Ainsi commença la *captivité de Babylone*, l'an du monde 3398. Le roi même, *Joachin* ou *Jéchonias*, fut emmené captif, et, près d'un demi-siècle après, nous le voyons *traité en roi* par le fils du vainqueur. *Le sceptre n'était pas sorti de Juda.*

Vers le temps de la captivité de Babylone, l'Écriture-Sainte rapporte l'histoire de certains événements prodigieux, qui montrent la puissance de Dieu et son amour pour le peuple choisi.

Lorsque Israël était déjà dispersé dans le royaume d'Assyrie, *Holopherne* fut envoyé par un nouveau roi dans la *terre de Juda*, pour achever la conquête du pays. Il vint assiéger Béthulie, et elle était réduite à la dernière extrémité, lorsqu'une vertueuse veuve, *Judith*, se rendit au camp des Assyriens. Holopherne, charmé de sa beauté, la reçut avec de grands honneurs. Mais, s'étant enivré et profondément endormi, il se livra ainsi à Judith, qui lui coupa la *tête* et la rapporta à Béthulie. Son armée fut mise en déroute.

Tobie était un des captifs du royaume d'Israël, et,

à Ninive comme à Samarie, il servait Dieu et pratiquait les bonnes œuvres. Dieu l'affligea en le rendant *aveugle*. Mais l'ange *Raphaël* étant venu, sous la figure d'un jeune Israélite, conduire le *fils de Tobie* dans un voyage où il épousa sa cousine *Sara*, le vieillard *recouvra la vue* par l'application d'un remède que Raphaël indiqua. Ils furent tous ensuite comblés de biens.

Les captifs de Babylone furent aussi soutenus par la sagesse de Dieu.

Une jeune et vertueuse femme, *Suzanne*, épouse du riche Joakim, avait attiré les yeux et excité les désirs de deux vieillards, qui essayèrent de la séduire. N'ayant pu y parvenir, ils l'accusèrent d'adultère, et dirent l'avoir surprise avec un jeune homme. La mort avait été prononcée lorsque *Daniel*, qui sortait à peine de l'enfance, réclama en sa faveur auprès du peuple. Puis il interrogea les deux vieillards, qui se contredirent eux-mêmes dans leurs réponses, et furent mis à mort.

Daniel et trois autres jeunes Hébreux, *Ananias*, *Misaël* et *Azarias* avaient été admis à la cour de Nabuchodonosor. Daniel même ayant expliqué un songe du roi, devint tout puissant auprès de lui. Mais le roi, ayant eu la pensée d'ériger au milieu de la plaine de Dura une statue d'or, qu'il offrit aux adorations du peuple, Ananias et ses compagnons ne voulurent point prendre part à cet acte d'idolâtrie, et par l'ordre du roi, ils furent jetés dans une immense *fournaise*, où ils devaient être dévorés en un moment. Au contraire, un ange descendit avec eux dans ce brasier, et ils n'éprouvèrent aucun mal; ils purent inviter toutes les créatures à *bénir le Seigneur*.

Nabuchodonosor ne fut pas encore assez averti, et son orgueil déplut à Dieu au point qu'il fut frappé d'une affreuse maladie. Il devint semblable aux animaux, mangeant comme eux *l'herbe de la terre* et fuyant la société des hommes. Il resta sept ans dans ce triste état. Alors il comprit la puissance du Très-Haut, et publia une proclamation pour glorifier le *Dieu du ciel* et engager ses peuples à l'adorer.

Un autre roi, Darius, fils d'Hystaspe, que l'Écriture nomme *Assuérus*, eut aussi lieu de reconnaître et de proclamer la grandeur de Dieu. Il avait épousé une jeune Israélite, *Esther*, que son oncle *Mardochée* avait élevée et qu'il continuait d'éclairer par ses conseils. *Aman*, favori du roi, ayant remarqué que Mardochée ne se prosternait pas devant lui, comme les autres courtisans, voulut se venger et jura de faire massacrer tous les Hébreux répandus dans l'empire. Esther, avertie par Mardochée, après s'être *humiliée* devant Dieu et l'avoir prié, alla trouver Assuérus, lui fit connaître la cruauté d'Aman et obtint grâce pour sa nation.

Or, l'empire des Assyriens était passé entre les mains des Perses.

Balthazar, roi de Babylone, après une multitude de crimes et de désordres, ajouta la profanation des choses saintes. Dans un festin magnifique qu'il donnait aux grands de l'empire, il fit apporter les vases d'or et d'argent que Nabuchodonosor avait enlevés du *temple de Jérusalem*, et il dit à ses courtisans, à ses femmes et à ses concubines de s'en servir. Alors parut une main inconnue, qui traça des caractères inconnus sur la muraille. Aucun des sages de Babylone ne put les expliquer, *Daniel* seul les lut et annonça à Balthazar que *son arrêt était prononcé.* La même nuit, un immense travail commandé par *Cyrus* pour détourner l'Euphrate, qui traversait la ville, se trouva terminé. L'armée entra par le lit du fleuve, et Balthazar, qui comptait sur la force de ses murailles, fut surpris et tué.

Alors se terminait la *soixante-dixième année* depuis la prise de Jérusalem et la captivité de Jéchonias, et depuis la prédiction de Jérémie annonçant que la désolation de Juda et le triomphe de Babylone dureraient soixante-dix ans. De plus Isaïe, 200 ans plus tôt, avait nommé *Cyrus* comme le libérateur futur d'Israël. Et Cyrus, maître de Babylone, permet aux captifs de retourner dans leurs pays, leur rendant les vases sacrés qu'avait profanés Balthazar.

Jérusalem pourtant n'était pas rebâtie. Les peuples voisins redoutaient de la voir se fortifier. Mais *Néhémie* obtint enfin d'Artaxerce la permission de relever les murailles et de mettre ainsi à couvert des attaques et le temple rebâti sous *Zorobabel* et *Esdras*, et les habitations des *Juifs*. Ce nom, venu de celui de Juda, fut dans la suite donné à tout le peuple hébreu, dont une grande partie d'ailleurs demeura et en Asie et en Égypte. Le nom de *Juda* devait rester.

La faveur obtenue par Néhémie coïncide avec l'année du monde 3150, et Daniel avait annoncé que, à compter de ce moment, le Messie accomplirait son œuvre après 70 *semaines* d'années. Il est facile de voir comment la prophétie s'est vérifiée.

La république des Juifs se conserva en paix pendant plus de 200 ans, sous la protection des rois de Perse, et sous *Alexandre le Grand*, qui avait visité Jérusalem, vaincu Darius et espéré régner longtemps sur l'Asie. Mais il mourut à trente-trois ans, et son vaste empire fut divisé.

Séleucus Nicator étant devenu roi de Syrie, permit aux Juifs de vivre suivant leurs lois, et de n'être gouvernés que par leurs souverains-pontifes.

Après la mort de Séleucus, la Palestine étant tombée sous la domination des rois d'Égypte, *Ptolémée Philadelphe* voulut faire traduire *en grec* les livres saints des Hébreux. C'est cette traduction qu'on appelle *version des Septante.*

Séleucus Philopator, qui, après *Antiochus le Grand* et *Ptolémée Épiphane*, réunit la Palestine à ses États, favorisa d'abord les Juifs; mais, trompé par de faux rapports, il voulut s'emparer des trésors qu'il croyait renfermés dans le temple, où se trouvaient seulement des sommes mises en dépôt et des aumônes destinées aux pauvres. *Héliodore* vint au nom du roi et voulut forcer l'entrée du temple malgré les représentations du grand-prêtre *Onias*. A peine était-il entré que, renversé par une force surnaturelle, et frappé par deux anges qu'il aperçut armés de verges, il crut que sa dernière heure était venue. Mais, à la prière d'Onias, Dieu lui accorda la vie et la guérison.

Malheureusement la corruption des mœurs et l'oubli de la religion s'introduisirent en Judée, et *Antiochus Épiphane* crut trouver dans les dispositions de quelques habitants du pays, un moyen pour consolider son empire en détruisant la *religion des Juifs.* Il éprouva néanmoins plus de résistance qu'il ne pensait.

Un saint vieillard, docteur de la loi, *Éléazar*, refusa de se soumettre aux édits publiés par le prince. Il s'indigne à la pensée de manger des viandes défendues par la loi de Moïse, et il subit généreusement la mort.

Sept frères sont présentés à Antiochus. Eux et leur mère persistaient dans leur religion. Le tyran leur fait souffrir d'affreux supplices. On leur donne ordinairement le nom de *Machabées*, qui est spécialement celui des héros dont nous allons parler.

Mathatias avait cinq fils, dont le troisième, nommé *Judas Machabée*, était remarquable par son courage. Après avoir protesté contre les ordres impies du roi, il sort avec eux de Jérusalem, appelant à lui ceux qui ont le *zèle de la loi*. Il forme un corps d'armée, fait main basse sur les prévaricateurs, renverse les autels des idoles et parvient à soulever la nation contre le tyran persécuteur qui refusait aux Juifs les droits que leur assuraient les traités antérieurs.

Après lui, *Judas* et ses frères continuent cette guerre sainte, mettent en déroute *Apollonius, Nicanor, Lysias* et d'autres généraux envoyés contre eux par Antiochus, vont à Jérusalem purifier le temple et les autels, et protestent ainsi, à la face du monde, contre l'idolâtrie en faveur du vrai Dieu. La mort misérable d'Antiochus fut elle-même une réparation des scandales et des crimes dont il avait été la cause. Il mourut l'an du monde 3840, cent soixante-quatre ans avant l'ère chrétienne.

La discorde continua néanmoins à régner parmi les Juifs, et les ambitieux avaient recours aux rois de Syrie pour supplanter leurs rivaux. Ce fut alors que *Judas* envoya des ambassadeurs à Rome pour demander l'alliance du peuple romain, et le sénat écrivit en faveur des Juifs.

À Judas succédèrent *Jonathas*, puis *Simon*, ses frères. Ce dernier fut remplacé par son fils *Jean Hyrcan*, qui eut aussi pour successeur son fils *Judas Aristobule*. Celui-ci prit le titre de roi et le diadême : ce qui ne s'était point vu depuis la captivité de Babylone.

Les dissensions alors devinrent plus vives et plus sanglantes, et les Romains finirent par y intervenir. *Pompée* s'empara de Jérusalem en 3941, et les Juifs se trouvèrent plus que jamais sous la dépendance. Ils étaient néanmoins toujours gouvernés par un de leurs concitoyens.

Mais, vingt ans après, *Auguste* et *Antoine*, voulant favoriser *Hérode*, Iduméen, étranger par conséquent à la nation des Juifs, lui firent décerner par le sénat le titre de *roi de Judée*, « en quoi cette compagnie s'écarta « pour la première fois de l'une de ses maximes politi-« ques qui était de ne point retirer le sceptre des fa-« milles qui en étaient en possession. »

C'est que le temps était venu où, *le sceptre sortant de la maison de Jacob*, allait apparaître *celui qui devait être envoyé*, le *Messie*.

L'Iduméen Hérode accomplissait une *autre prophétie*, celle d'Isaac, qui, pour consoler Ésaü, dont Jacob avait recueilli le droit d'aînesse et les bénédictions pater-nelles, lui avait annoncé qu'un jour *il secouerait le joug*. Ésaü, nommé aussi *Édom* et père des Iduméens, se trouvait ainsi maître de la maison de *Jacob* ou *Israël*.

Ici se termine l'histoire de l'*Ancien Testament*, la-quelle même nous avons complétée pour les cent-cin-quante dernières années environ.

L'*Ancien Testament* est la collection des livres dont l'*Esprit-Saint* a éclairé les auteurs avant la venue de

Jésus-Christ. Ce n'est point un ouvrage unique et suivi, comme semblent le croire certaines personnes qui parlent de lire la *Bible,* comme si elle contenait une suite d'instructions adaptées à toutes les intelligences. Les livres qui la composent ont au contraire été donnés aux hommes à différentes époques et proportionnés aux lumières et aux besoins, aux mœurs et aux usages. Il ne faut donc pas juger de ce qui s'y trouve selon les idées et les connaissances du siècle où l'on vit; ce qui est clair dans un siècle serait peut-être inintelligible dans un autre. Moïse écrivait 1300 ans avant *Jésus, fils de Sirach,* et, pendant cet intervalle, que de révolutions dans les empires, dans les esprits et dans les sciences !

La Bible comprend en outre le *Nouveau Testament,* c'est-à-dire les écrits relatifs à la *nouvelle loi,* publiée par Jésus-Christ, le véritable *Messie,* qui est venu, non détruire, mais *perfectionner la loi de Moïse.* Ces livres ont été écrits par les Apôtres de *Notre-Seigneur* et ses disciples, pendant le *premier siècle du christianisme.* Ils vont nous diriger dans la troisième partie de notre ouvrage. Nous consulterons d'abord *l'Évangile,* qui contient l'*histoire de la vie et des miracles* de Jésus-Christ *lui-même.*

TROISIÈME PARTIE.

DEPUIS LA NAISSANCE DE JÉSUS-CHRIST JUSQU'A LA MORT
DES APÔTRES.

Nous abordons l'histoire d'un siècle si fécond en événements merveilleux et instructifs que notre seul regret sera d'en parler trop brièvement.

Le prophète *Malachie* avait dit : « Voici que j'envoie
« mon ange, et il préparera la voie devant votre face. »
Aussi la *naissance de Jésus-Christ* sera annoncée par
son *précurseur*, qui va lui *préparer les voies*.

De *Zacharie* et d'*Élisabeth* déjà vieux, naquit un enfant miraculeux, à qui l'ange *Gabriel* avait donné d'a-
vance le nom de *Jean*. Zacharie était de la tribu de
Lévi ; mais son épouse était de celle de Juda.

Marie, cousine d'Élisabeth, fille de *Joachim* et
d'*Anne*, avait été consacrée à Dieu dès son enfance et
avait vécu dans le temple jusqu'à l'âge de quinze ans.
Sa mère, *sainte Anne*, l'avait élevée dans la crainte du
Seigneur, et d'ailleurs la jeune Vierge, *exempte de tout
péché*, se portait d'elle-même aux œuvres les plus parfaites.

Elle épousa *Joseph*, de la tribu de Juda comme elle ;
Joseph respecta sa virginité. Ils habitaient la petite ville
de Nazareth.

Un jour l'ange *Gabriel*, qui avait annoncé la naissance de saint Jean-Baptiste, fut envoyé de Dieu vers
Marie et lui dit qu'elle enfanterait un fils à qui elle
donnerait le nom de Jésus. « Il sera grand, ajouta-t-il ;
« il sera appelé le Fils du Très-Haut ; le Seigneur Dieu
« lui donnera le trône de David, son père, et il régnera
« éternellement sur la maison de Jacob. » Marie, ex-
primant son embarras et parlant de sa virginité, l'ange
lui répondit que *le Saint-Esprit viendrait en elle* et
que la vertu du Très-Haut la couvrirait de son ombre.
Il lui cita sa cousine Élisabeth, qui avait aussi conçu
miraculeusement, et Marie exprima ainsi sa soumission : « Voici la servante du Seigneur ; qu'il me soit
« fait selon votre parole. » En ce moment le *Fils de*

Dieu, le *Verbe* éternel, *s'incarna* dans le sein de Marie, prenant un corps et une âme comme les nôtres. C'est ce prodige que l'on appelle le *mystère de l'incarnation.*

Marie partit immédiatement pour *visiter* sa cousine Élisabeth, laquelle, éclairée d'une lumière surnaturelle, s'écria, en la voyant : « D'où me vient ce bon-- « heur que la mère de mon Dieu me visite ? » Elle avait senti son enfant tressaillir dans son sein, et en ce moment saint Jean fut purifié du *péché originel*, et quand il vint au monde, trois mois après, il était en état de grâce.

Au bout de six mois, la *naissance de* JÉSUS, ainsi annoncée et préparée, fut accompagnée de circonstances plus merveilleuses encore.

Un édit de l'empereur romain, *Auguste*, avait prescrit le *dénombrement* de tous les habitants de l'empire et des États qui en dépendaient. Chacun devait se faire inscrire dans le lieu de son origine. Joseph, issu de David, alla donc à la ville de David, *Bethléem*, avec Marie, son épouse, qui se trouvait alors au terme de sa grossesse. Les hôtelleries étant pleines, ils n'eurent d'autre asile qu'une caverne qui servait *d'étable*. Ce fut là que la Vierge sainte mit au monde le fruit divin qu'elle avait conçu. Le *Fils de Dieu fait homme* naquit dans cette étable et fut déposé dans une *crèche.*

Le ciel prit soin de glorifier cette humilité si profonde. Un ange alla annoncer à des *bergers* qui veillaient sur leurs troupeaux, dans le voisinage de la ville, que le *Christ* était né. Depuis plusieurs années, toute la Judée était occupée de la venue du Messie annoncé par les prophètes. Les signes indiqués par Jacob, Isaïe, Daniel se trouvaient réunis. Les bergers comprirent

donc. Ils coururent à Bethléem, et vérifièrent l'exactitude des détails donnés par l'Ange, et après avoir
adoré le nouveau-né, ils s'en retournèrent en *louant
Dieu.*

Une prophétie non moins remarquable s'était répandue jusqu'aux contrées les plus lointaines. C'était celle de
Balaam : « Une étoile sortira de Jacob et une puissance
« s'élèvera d'Israël. » Ces paroles développées par le
prophète, que l'Esprit de Dieu animait malgré lui,
avaient laissé une impression profonde. *Les mages*,
philosophes de l'Orient qui cultivaient l'astronomie,
ayant aperçu une nouvelle étoile, un météore extraor-
dinaire, en conclurent qu'il était né un *roi des Juifs.*
Trois d'entre eux, que la tradition représente comme
rois, partirent de leur pays et vinrent à Jérusalem,
demandant où était le roi des Juifs. Hérode, roi lui-
même, fut troublé de cette singulière annonce ; il voulut
consulter les docteurs de la loi, qui répondirent que
*le chef qui devait gouverner le peuple d'Israël sortirait
de Bethléem.* Alors les mages qui, en Orient, avaient
été avertis par l'étoile, la virent apparaître de nouveau,
et elle les conduisit jusqu'au lieu *où était l'Enfant divin,* à qui ils offrirent leurs hommages et leurs pré-
sents.

Ainsi, tandis que les prophéties avaient préparé à
cette époque les Hébreux et, jusqu'à un certain point,
tout l'univers à l'apparition d'un envoyé du ciel,
nommé par les Juifs *Messie*, et en langue grecque
Christ, la naissance de JÉSUS est *manifestée* à Bethléem,
à Jérusalem et jusqu'au milieu des peuples que les
Israélites appelaient *Gentils.*

Sa mission fut ensuite manifestée de manière à convaincre tout esprit droit, tous les *hommes de bonne volonté*.

Ses parents le *présentèrent au temple*, suivant la loi de Moïse, quarante jours après sa naissance. Là, il fut reconnu comme Messie par le vieillard *Siméon* et par *Anne* la prophétesse, qui parlèrent de lui à *tous ceux qui attendaient la rédemption d'Israël.*

Hérode entretenait d'autres dispositions. Dans ce *roi des Juifs* qu'on était venu annoncer et dont il ne comprenait pas la *mission toute spirituelle*, Hérode craignait un rival, et il avait demandé aux mages de venir lui dire où ils l'auraient trouvé, comme s'il voulait aussi l'adorer, tandis qu'il pensait à le faire mourir.

Aussi, quand il remarqua qu'ils n'étaient pas revenus, il devint furieux, et croyant suppléer à leurs indications, il fit tout massacrer ; par son ordre *tous les enfants* nés depuis deux ans à Bethléem et dans les environs *furent* cruellement *égorgés.*

Et néanmoins sa cruauté ne servit pas son ambition. Joseph, l'époux de Marie et le père adoptif de Jésus, qui, avec eux, était retourné à Nazareth, fut averti par un ange, et reçut l'ordre de *fuir en Égypte* avec l'enfant et sa mère. Ils y furent en sûreté, tandis qu'*Hérode mourut* la même année.

Averti de nouveau, Joseph prit de même Jésus et Marie, et *le retour d'Égypte* s'effectua aussitôt, la *sainte famille* étant toujours docile aux ordres du ciel.

Elle retourna à Nazareth. Ainsi, bien que né à Bethléem, Jésus-Christ put, selon la prédiction d'un prophète, être appelé *Nazaréen.*

Suivant la tradition, Joseph exerçait la profession de

charpentier, et la même tradition représente le *Fils de Dieu travaillant des mains*, tandis que sa sainte mère donnait aux travaux du ménage des soins que sa royale origine ne lui faisait pas dédaigner. L'Évangile enseigne que Jésus *leur était soumis*, et *qu'il croissait en âge, en sagesse et en grâce devant Dieu et devant les hommes*, manifestant de plus en plus les perfections divines qui étaient en lui.

A l'âge de douze ans, il voulut les montrer avec éclat au milieu de Jérusalem. A partir de cet âge, tous les Juifs étaient obligés de s'y réunir trois fois par an pour les grandes solennités. Jésus, ayant accompagné ses parents pour la fête de Pâques, les quitta au moment où ils repartaient, leur laissant croire qu'il était avec quelqu'un de leur compagnie. Mais, le lendemain ne l'ayant pas vu, ils retournèrent à Jérusalem, et, au bout de trois jours, « ils le trouvèrent dans le temple « au milieu des docteurs, les écoutant et les interro- « geant, et tous ceux qui l'entendaient étaient stupéfaits « de la sagesse de ses réponses. » Marie lui adressa quelques reproches ; mais elle fut bientôt éclairée sur les raisons qui avaient animé son fils, *et elle conservait toutes ces choses dans son cœur.*

Elle eut son fils près d'elle jusqu'à ce qu'il eût atteint l'âge de 30 ans. Alors le moment était venu de commencer l'exercice public de son ministère.

Son précurseur l'avait annoncé. *Jean-Baptiste*, retiré dans le désert dès son enfance, en était sorti pour prêcher. Il vint sur les bords du Jourdain, exhortant le peuple à faire pénitence, et *baptisant* dans le fleuve ceux qui l'écoutaient et qui venaient à lui *confessant leurs péchés*, il leur disait : « Moi je vous baptise dans l'eau ;

« mais il en vient un autre après moi, qui vous bapti-
« sera par le Saint-Esprit et le feu. » Jésus survenant
un jour, Jean s'écria : « Voici l'agneau de Dieu, voici
« celui qui efface les péchés du monde. » Jésus voulut
alors recevoir lui-même le baptême de Jean, qui se
déclarait indigne et qui pourtant fut forcé d'obéir. Alors
le *Saint-Esprit* descendit en forme de *colombe*, et Dieu
le Père fit entendre ces paroles : « Celui-ci est mon
« fils bien-aimé, en qui j'ai mis toutes mes complai-
« sances. »

A partir de ce moment, Jésus commença à avoir des
disciples. Le premier fut *André*, qui bientôt lui amena
son frère Simon, à qui Jésus dit : « Vous vous appel-
« lerez *Céphas*, c'est-à-dire Pierre, » devant un jour
lui en expliquer solennellement la raison : « Vous êtes
« Pierre, et sur cette Pierre, je bâtirai mon Église, et
« les portes de l'enfer ne prévaudront pas contre elle. »
Le nombre de ses disciples se multipliant, il en choisit
douze qu'il voulait *envoyer* pour prêcher dans tout l'univers, et qu'en conséquence il appela *Apôtres*.

Il prêchait lui-même ; il parlait avec tant d'autorité
et de charme que des multitudes d'auditeurs suivaient
ses pas jusque dans le désert. D'ailleurs il opérait des
miracles si extraordinaires, que tout le monde était
saisi d'étonnement et de reconnaissance.

Il ne faisait que commencer ses prédications quand
il fut invité à des noces à *Cana*, en Galilée. Le vin étant
venu à manquer, il ordonna de remplir d'eau six grandes urnes de pierre qui étaient là, et, un moment après,
l'eau était changée en vin.

Ayant appris qu'*Hérode*, fils de celui qui avait per-
sécuté son enfance, avait fait emprisonner Jean-Bap-

tiste, il se retira en Galilée en traversant le pays de Samarie, et il s'arrêta un jour près d'un *puits*, à qui Jacob avait laissé son nom. Les Juifs et les Samaritains étaient depuis longtemps divisés et s'anathématisaient les uns les autres. Mais le *Sauveur du monde* devait les rapprocher; il profita de cette occasion pour commencer son œuvre. Une *femme samaritaine* étant venue au puits, il lui parla de ce qu'elle avait fait et de ce qu'il pouvait faire lui-même, de manière qu'elle le reconnut pour le Messie, et qu'elle le fit connaître à toute la ville où elle demeurait.

A la fête de Pâques, étant venu à Jérusalem, il visite la *piscine* miraculeuse. Un ange venait de temps en temps en remuer l'eau, et le premier malade qu'on y mettait ensuite se trouvait guéri. Or, un pauvre *paralytique*, perclus depuis 38 ans, n'avait personne pour le plonger dans l'eau, après qu'elle avait été agitée. Jésus lui dit :« Levez-vous, prenez votre lit et marchez. »

Un *centurion*, après l'avoir fait solliciter, vient lui-même en le priant de guérir son serviteur, qui était dangereusement malade. Jésus lui dit qu'il ira le voir : « Seigneur, répond le centurion, je ne suis pas digne « que vous entriez chez moi; mais dites seulement une « parole, et mon serviteur sera guéri. » Jésus admire sa foi et répond : « Qu'il vous soit fait comme vous « avez cru. »

Ayant été invité à dîner chez un *Pharisien* nommé *Simon*, il vit une femme pécheresse, que plusieurs appellent *Madeleine*, qui vint, pleine de repentir, et prosternée à ses pieds, les arroser de larmes et y répandre un vase de parfum. Les Pharisiens affectaient une grande sévérité de mœurs, et ils blâmèrent le

Sauveur, en rappelant les scandales de cette femme. Elle souffrit leurs dédains, et Jésus, après avoir pris sa défense, lui dit : « Vos péchés vous sont remis..... « Votre foi vous a sauvée ; allez en paix. »

Cependant, Hérode avait fait mourir Jean-Baptiste, qui lui reprochait ses crimes, et surtout son union criminelle avec Hérodiade. Jésus alors se retira *dans le désert*, et il y fut suivi par une multitude avide de l'entendre et de lui demander des miracles. Ils oubliaient même de pourvoir à leur nourriture. Il y pourvut, et ses disciples n'ayant que *cinq pains* et quelques poissons, il les bénit et ils se *multiplièrent* au point de suffire à *cinq mille* personnes. Quelque temps après, avec *sept pains* il en nourrit *quatre mille*.

Sa bonté soulageait même les maux étrangers au peuple juif, bien que sa mission les regardât spécialement. Une *femme cananéenne*, des environs de Tyr et de Sidon, vient l'implorer pour sa *fille*, qui était *tourmentée par le démon*. Après l'avoir rebutée pour l'éprouver, il lui répond enfin : « O femme ! votre foi est grande ; « qu'il vous soit fait comme vous voulez. »

Il voulut, quelque temps après, fortifier encore la foi de ses apôtres, dont le chef, Simon Pierre, venait, au nom des autres, de lui dire : « Vous êtes le Christ, « fils du Dieu vivant. » Il le mena, avec Jacques et Jean, sur une haute montagne, le *Thabor*, et là il fut *transfiguré* devant eux. Son visage devint brillant comme le soleil et ses vêtements blancs comme la neige. En même temps, *Moïse* et *Élie* apparurent, s'entretenant avec lui, et une voix se fit entendre : « C'est ici mon « fils bien-aimé ; écoutez-le. »

D'autres miracles éclairaient tout le peuple, et la

4.

guérison d'un *aveugle-né* à Jérusalem donna lieu à une véritable enquête qui rendit le fait encore plus constant. Cet homme ayant été présenté à Jésus, le Sauveur lui frotta les yeux avec de la terre détrempée dans sa salive et l'envoya se laver dans la fontaine de Siloé, où il recouvra la vue. Les Pharisiens, jaloux de la gloire de Jésus, essayèrent de contester, mais ils furent confondus.

Ils le furent encore bien plus par la résurrection de *Lazare*. Lazare, avec ses sœurs, *Marthe* et *Marie*, habitait le bourg de Béthanie, près de Jérusalem. Pendant que Jésus, qui les visitait souvent, quand il venait à Jérusalem, était en Galilée, Lazare mourut, et fut mis au tombeau. Le Sauveur n'arriva que quatre jours après, et il trouva grand nombre de Juifs qui étaient venus pour consoler les deux sœurs. Elles furent bien autrement consolées par la puissance de Jésus. Il se fit conduire au tombeau, d'où il sortit une odeur infecte. Mais à cette parole : « Lazare, levez-vous et venez, » le mort se leva en effet et parut plein de vie. Beaucoup des témoins se convertirent.

Mais les Pharisiens, dont il avait repris les crimes et l'hypocrisie; les princes des prêtres, qui en défendant la loi de Moïse, qu'ils accusaient Jésus de vouloir détruire, pensaient bien plus à leurs propres intérêts, et les autres sectaires dont la religion nouvelle allait confondre les erreurs, n'en devinrent que plus obstinés dans leur haine, et ils résolurent de se défaire de lui à tout prix.

La fête de Pâques était proche et la foule se pressait à Jérusalem. Jésus, ayant envoyé chercher, par deux de ses apôtres, une ânesse et son ânon, monte sur celui-ci, et accompagné de ses disciples il entre ainsi dans la ville. Le peuple l'entoure et l'applaudit, disant : « Hosanna au fils de David, » et la prophétie de Zacharie s'accomplissait. L'indignation des ennemis du Sauveur fut alors au comble, et sa mort fut résolue malgré l'approche de la fête. La trahison d'un de ses apôtres leur en facilita les moyens, *Judas* leur offrit de leur livrer son maître.

Quatre jours après, JÉSUS ayant, suivant la loi de Moïse, mangé avec ses apôtres l'*agneau pascal*, leur distribua du pain qu'il avait béni, dont il avait changé la substance, en leur disant : « Prenez et mangez : ceci « est mon corps. » Puis, leur donnant la coupe, où l'on avait versé du vin, il ajouta : « Ceci est mon sang. » Enfin il leur donna cet ordre : « Faites ceci en mé- « moire de moi. » Alors il avertit ses apôtres, qu'il était trahi, et il leur parla avec une admirable bonté de leur mission et de sa tendresse pour eux.

La nuit était venue, et il partit, selon sa coutume, pour aller prier au *mont des Olives*. En arrivant il dit à ses apôtres : « Mon âme est triste jusqu'à la mort. » Et il s'éloigna pour la prière, emmenant avec lui les trois qui l'avaient accompagné au Thabor. Alors il fut saisi d'une douleur si vive que son corps fut couvert d'une *sueur de sang*, et telle était sa prière : « Mon père, « s'il est possible, que ce calice s'éloigne de moi. Ce- « pendant que votre volonté soit faite et non pas la « mienne. » Il tomba en *agonie*, et un ange vint le soutenir. Bientôt il se leva, et il se prépara aux épreuves. Judas qui le trahissait s'avança avec des soldats que lui avaient envoyés les princes des prêtres, et, s'étant approché de JÉSUS, pour lui donner le baiser de paix, il le fit ainsi connaître aux satellites, qui se jetèrent sur lui et le lièrent.

Le grand prêtre exerçait l'autorité en Judée, mais non l'autorité souveraine, le gouverneur romain ayant seul droit de vie et de mort. Néanmoins *Caïphe* et les princes des prêtres entreprirent de prononcer sur le sort de Jésus qu'ils haïssaient, et, après l'avoir amené à répondre qu'il était *Fils de Dieu*, ils le déclarèrent coupable de blasphème et s'écrièrent : « Il est digne de « mort. » Alors ils le conduisirent au gouverneur, *Pilate*, à qui ils le présentèrent comme un séditieux. Celui-ci remarqua bientôt l'innocence de l'accusé. Mais, pressé, poussé à bout par ses ennemis, il fut assez faible pour le *condamner* à mort.

Il avait pourtant essayé d'apaiser leur fureur en le faisant *flageller*. Les soldats l'attachèrent à une *colonne*, et, l'ayant dépouillé, ils le déchirèrent à coups de verges de la manière la plus cruelle.

Ce n'était pas assez : ajoutant l'insulte à la cruauté, ils imaginèrent, parce qu'on l'appelait roi des Juifs, de lui mettre sur la tête une couronne, mais une *couronne d'épines ;* puis, lui ayant donné un roseau comme sceptre, ils fléchissaient le genou, en lui disant : « Je te salue, ô roi des Juifs. » Et ils lui enfonçaient les épines dans la tête !

La condamnation à mort acheva de l'humilier et de combler la mesure des souffrances. On avait demandé et Pilate avait prononcé le *supplice de la croix*, le plus douloureux et le plus honteux de tous. La croix même devait être portée par le condamné, et Jésus, chargé de cet énorme fardeau, monta au Calvaire. C'était sur cette montagne qu'il allait consommer son sacrifice. Il y fut crucifié entre *deux voleurs*, confondu ainsi avec les scélérats, et n'ayant pour compatir à ses tourments que sa mère désolée et quelques saintes femmes avec saint Jean, l'apôtre bien-aimé. Il expira à trois heures, ayant prié pour ses bourreaux et montré jusqu'au dernier moment un courage tout divin. Ainsi par la *mort de l'homme-Dieu*, se sacrifiant pour le genre humain, le péché d'Adam était expié et les hommes réhabilités pouvaient espérer le Ciel. C'est le *mystère de la rédemption*. Jésus avait alors trente-trois ans, et la soixante-dixième *semaine de Daniel* était à moitié parcourue. Aussi les anciens sacrifices se trouvèrent abolis, et le *sacrifice de la croix* devint la seule source des grâces.

Les ennemis de Jésus, qui semblaient triompher, avaient pourtant une inquiétude assez sérieuse. En parlant de sa passion et de sa mort, il avait souvent prédit qu'il ressusciterait le troisième jour. Aussi les princes des prêtres et les Pharisiens exprimèrent à Pilate la crainte que ses disciples ne vinssent enlever son corps, et obtinrent l'autorisation de faire mettre des gardes autour du sépulcre où le corps de Jésus avait été placé. Il est donc certain que les disciples n'ont pas enlevé le corps. Mais les gardes ne pouvaient empêcher ce corps *ressuscité* de sortir du tombeau, et la *résurrection* a confirmé la foi de tous les miracles et de tous les mystères. Elle est célébrée le jour de *Pâques*.

Pendant quarante jours, le Sauveur apparut à ses apôtres et à ses disciples, réunis un jour au nombre de plus de cinq cents. Quand il les eut convaincus de sa résurrection et instruits de ses dernières volontés, il les quitta pour monter au Ciel. Son *ascension* eut lieu en leur présence au mont des Oliviers. Par là son humanité sainte est entrée en possession de la gloire éternelle et de la puissance infinie; ce que l'Écriture nous enseigne en disant qu'il est *assis à la droite de Dieu.* C'est de là qu'à la fin du monde, il viendra *juger les vivants et les morts.*

C'est de là que, selon sa promesse, il envoya le *Saint-Esprit* à ses apôtres pour les éclairer, les diriger, les soutenir dans l'exercice du ministère qu'il leur avait confié. Dix jours après l'Ascension, les disciples étant réunis dans le *cénacle,* où JÉSUS avait institué l'Eucharistie, la maison fut ébranlée comme par un vent impétueux, et des *langues de feu* apparurent et s'arrêtèrent sur les têtes de chacun d'eux : « Ils furent alors « remplis tous du Saint-Esprit et commencèrent à par- « ler diverses langues. » Ce même jour, presque à la même heure, ils se mirent à prêcher, à promulguer la *nouvelle loi ;* cinquante jours après la résurrection, comme la *loi ancienne* avait été publiée cinquante jours après la sortie d'Égypte, et la *Pentecôte* devint une double fête, un double souvenir.

La sainte Vierge était avec les Apôtres quand le Saint-Esprit descendit, et elle demeura sur la terre un assez grand nombre d'années après l'Ascension, édifiant les fidèles et leur racontant les prodiges et les vertus dont elle avait été témoin à Bethléem, à Nazareth, et partout où elle avait suivi JÉSUS-CHRIST. Quand le moment fut venu où elle devait recevoir dans le ciel sa récompense, elle sortit de ce monde par une bienheureuse mort, et, selon la tradition et la croyance de l'Église, elle *ressuscita,* et son corps glorieux fut porté dans le ciel par les anges. L'Église honore cette *assomption* le 15 du mois d'août.

Elle honore son *couronnement*, reconnaissant *Marie* comme la *Reine des anges et des hommes*, toute-puissante par ses prières, dont la protection n'est jamais invoquée en vain.

L'Église était déjà répandue dans les diverses contrées du monde, selon la prophétie de *David* : « Leur « voix s'est fait entendre par toute la terre.» Les Apôtres s'étaient partagé l'univers.

Saint Pierre, à qui Jésus-Christ avait dit : « Je vous « donnerai les *clefs* du royaume des Cieux, » était en effet reconnu comme le *prince des Apôtres*. Après avoir prêché à Jérusalem et établi sa *chaire* à *Antioche*, il la fixa à *Rome*, qui est devenue ainsi la *mère de toutes les églises* fondées par les Apôtres, et qui a donné le nom d'*Église romaine* à cette *société des fidèles qui*, *sous la conduite des pasteurs légitimes*, *ne font qu'un seul corps dont* Jésus-Christ *est le chef*. Les successeurs de saint Pierre, les *Papes*, ont hérité de sa *primauté d'honneur et de juridiction*... Saint Pierre avait été, à Jérusalem, emprisonné par Hérode, puis délivré par un ange. Mais il devait mourir pour la foi, et, à Rome, il fut martyrisé sous l'empereur Néron, l'an 66 de J.-C.

Son frère, saint *André*, qui avait été pêcheur comme lui, périt comme lui par le *supplice de la Croix*. C'était à Patras en *Achaïe*, où, après avoir prêché l'Évangile en *Scythie*, il était venu continuer sa mission. On le représente ordinairement avec une croix appuyée à terre par deux de ses extrémités. Apôtre de Jésus, il fut enchanté de mourir comme son maître.

Saint *Jacques le Majeur* avait été appelé à l'apostolat en même temps que saint André et saint Pierre ; il avait aussi quitté avec empressement sa barque de pêcheur, et il était devenu *pêcheur d'hommes*, selon la parole du Sauveur. Après l'Ascension, il prêcha en Judée, puis, selon la tradition des Églises d'*Espagne*, il porta l'Évangile dans cette vaste contrée. Retourné à Jérusalem, il y fut *décapité* par les ordres d'Hérode. Mais son corps fut porté en Espagne, où il a donné son nom à la capitale de la Galice, et attiré dans tous les siècles un grand concours de *pèlerins;* ce qu'indique le costume sous lequel on le représente.

Saint *Jean*, son frère, le plus jeune des Apôtres, l'Apôtre *bien-aimé*, à qui Jésus mourant confia le soin de la Sainte Vierge, était vierge lui-même, et soupirait après le martyre. Il y fut exposé deux fois. Un ennemi de la religion lui présenta une *coupe empoisonnée*, qui, purifiée par le signe de la Croix, devint inoffensive. L'empereur Domitien le fit, à Rome, jeter dans une *chaudière d'huile bouillante*, d'où il sortit aussi sain et plus fort qu'auparavant. Éclairé de lumières surnaturelles il écrivit et l'*Évangile*, et l'*Apocalypse* et des *Épîtres*, où la sublimité de la doctrine a fait dire qu'il *s'élève* comme un *aigle* au-dessus même des autres écrivains sacrés, rappelant les visions d'Ézéchiel.

Saint *Philippe*, de Bethsaïde, ainsi que les quatre Apôtres dont nous avons parlé, s'attacha comme eux à Jésus-Christ et mérita par son dévouement et sa fidélité la confiance de son maître. Il alla porter l'Évangile en *Phrygie*, et quelques-uns de ses disciples ont fondé dans les Gaules les églises de *Lyon* et de *Vienne*.

C'est aussi de là que partit saint *Barthelemy*. Il se sépara de saint Philippe pour aller évangéliser l'*Arménie* et les *Indes*. Suivant la tradition, il souffrit un cruel martyre; il fut écorché tout vivant. Aussi les peintres et les sculpteurs lui mettent un couteau à la main.

Saint *Thomas* pénétra plus loin dans les *Indes*, et son souvenir vit encore à Méliapour et dans toute la contrée. Il y mourut percé d'une flèche. Son zèle était une espèce de réparation pour le doute qu'il manifesta le jour de la résurrection de JÉSUS-CHRIST, doute qui, d'ailleurs, a servi à la rendre plus certaine.

L'Afrique fut évangélisée par saint *Matthieu*, qui, avant saint Jean, avait écrit l'histoire de la vie et des miracles de Jésus-Christ. Il se dirigea vers l'*Éthiopie*, où déjà l'eunuque de la reine *Candace* avait annoncé JÉSUS-CHRIST. Il y convertit une grande partie des habitants du pays, et, depuis ce temps, la foi n'a jamais cessé d'y régner. Le saint apôtre fut décapité.

Saint *Jacques le Mineur* fut destiné à conserver la foi à *Jérusalem*, où elle avait été scellée du sang de l'*Homme-Dieu*. Son père se nommait *Alphée*, comme celui de saint Matthieu, tandis que saint Jacques *le Majeur* était fils de *Zébédée*. Il fut, comme celui-ci, victime de la fureur des Juifs, qui le précipitèrent du haut du Temple. Il nous a laissé une *épître* adressée à tous les fidèles de sa nation, et qui, pour cette raison, est appelée *catholique*.

Nous en avons également une de son frère saint *Jude*, nommé aussi *Thadée*, qui, après avoir instruit *Abgare*, roi d'Édesse, et prêché en *Mésopotamie*, alla en *Perse*, où il reçut la couronne des martyrs.

Saint *Simon* qui, ayant d'abord parcouru l'*Égypte*, avait, en *Perse*, partagé les travaux de saint Jude, et conquis, comme lui, de nombreux disciples, finit, comme le prophète Isaïe, par être *scié* en deux et confirma ainsi ses enseignements.

5

Le douzième apôtre, *Judas Iscariote*, avait trahi son maître et fini misérablement. Il fut remplacé de deux manières.

Après l'ascension, les apôtres et les principaux disciples, étant réunis pour attendre la venue du Saint-Esprit, choisirent deux des plus anciens *témoins* de la vie du *Seigneur Jésus*, parmi lesquels le sort désigna saint *Mathias*. Saint Pierre put lui *imposer les mains* et l'établir apôtre. Il évangélisa ensuite la *Judée* et l'*Éthiopie*.

Mais un douzième apôtre fut appelé par Jésus-Christ même. Un des plus ardents persécuteurs de la religion, *Saul*, qui avait assisté et applaudi à la mort du *premier martyr*, saint *Étienne*, devint bientôt après un des plus zélés prédicateurs de la foi qu'il voulait détruire. Arrêté et renversé par une force surnaturelle au moment où il allait à Damas exercer de nouvelles violences, il entendit la voix de Jésus lui-même, et s'étant écrié : *Seigneur, que voulez-vous que je fasse?* il commença dès lors à comprendre, puis ensuite il annonça la puissance de la *grâce* de Dieu. Pour compenser ses fautes, il travailla *plus que tous*; il parcourut l'*Asie*, visita l'île de *Chypre*, où il convertit le proconsul *Sergius Paulus*, de qui il prit le nom de *Paul*, traversa la *Thrace*, la *Grèce*, l'*Italie*, peut-être l'*Espagne*; il écrivit des lettres, des *épîtres* doctrinales à presque toutes les églises, et retourna à Rome, où il fut *décapité* le même jour que saint Pierre fut crucifié la tête en bas.

Saint *Étienne* avait été choisi par les apôtres pour les seconder dans les *œuvres de charité* et dans le ministère évangélique. Il était le premier des *sept diacres* établis à cette fin. Mais ayant un jour parlé, dans le *sanhédrin*,

de la divinité de Jésus-Christ et du crime de ses meur-
triers, il fut emmené hors de la ville et *lapidé*.

Après avoir eu pour intercesseur près de Dieu le
martyr Étienne, saint Paul eut pour coopérateur saint
Barnabé, qui l'accompagna par toute l'*Asie* et dans l'île
de *Chypre*, où, étant revenu plus tard, il trouva le
martyre.

Parmi les autres disciples du Seigneur, deux surtout
méritent encore une mention particulière, en leur qua-
lité d'*évangélistes*.

Saint *Marc*, disciple et *interprète* de saint Pierre,
écrivit à Rome, d'après les enseignements du *Prince
des Apôtres*, l'évangile qui porte son nom. Il fut ensuite
envoyé à *Alexandrie*, en Égypte, dont il fut le premier
patriarche.

Saint *Luc*, disciple de saint Paul, qu'il suivit dans
ses voyages, fut engagé par le *grand apôtre* à consigner
par écrit les détails de la vie de Jésus-Christ et les *Actes
des Apôtres*. Il prêcha lui-même et mourut martyr à
Patras, comme saint André.

Mais ce n'est pas assez de connaître les *Actes* de notre
Seigneur et de ses Apôtres. Pour juger de la grandeur
de sa mission, il faut encore étudier sa *doctrine*, qu'il
leur a ordonné de prêcher. Telles sont en effet ses paroles : « Allez, enseignez toutes les nations, les bapti-
« sant au nom du Père, et du Fils, et du Saint-Esprit,
« leur apprenant à observer tous les préceptes que je
« vous ai donnés; et voici que je suis avec vous, tous
« les jours, jusqu'à la consommation des siècles. »

Les Apôtres commenceront donc par *enseigner*, et
leur doctrine est résumée dans le *symbole*, qui est ainsi
un *abrégé de la foi* chrétienne. Des traditions respec-

tables l'attribuent aux apôtres eux-mêmes, et il peut être curieux de rapprocher les *douze articles* de ce symbole des *douze Apôtres* auxquels ils sont attribués.

S. PIERRE.	I Je crois en Dieu, le Père tout-puissant, créateur du ciel et de la terre,
S. ANDRÉ.	II Et en Jésus-Christ, son fils unique, notre Seigneur,
S. JACQUES LE MAJEUR.	III Qui a été conçu du Saint-Esprit, est né de la Vierge Marie;
S. JEAN.	IV Qui a souffert sous Ponce-Pilate, a été crucifié, est mort et a été enseveli;
S. THOMAS.	V Qui est descendu aux enfers, le troisième jour est ressuscité des morts;
S. JACQUES LE MINEUR.	VI Qui est monté aux cieux, est assis à la droite de Dieu, le Père tout-puissant,
S. PHILIPPE.	VII D'où il viendra juger les vivants et les morts.
S. BARTHÉLEMY.	VIII Je crois au Saint-Esprit;
S. MATTHIEU.	IX La sainte Église catholique,
S. SIMON.	X La communion des saints, la rémission des péchés,
S. JUDE.	XI La résurrection de la chair,
S. MATHIAS.	XII La vie éternelle.

Le développement de ce symbole se trouve dans celui de *Nicée*, qui se dit à la messe, et, pour ce qui regarde les mystères de la *Sainte-Trinité*, de l'*Incarnation* et de la *Rédemption*, dans le symbole de saint *Athanase*, que l'on récite à *prime* le dimanche.

Ce n'était pas assez d'enseigner; les Apôtres devaient *baptiser* et administrer les autres *sacrements* institués par JÉSUS-CHRIST.

En effet, les lumières ni même la bonne volonté ne suffisent pas pour se sanctifier, il faut encore la *grâce*.

Et « les sacrements sont des signes sensibles institués « par Jésus-Christ pour nous donner la grâce. »

Le *baptême* nous sanctifie en nous purifiant du péché originel et nous faisant enfants de Dieu et de l'Église. On le confère en *versant de l'eau* sur la personne, et en disant : « Je te baptise au nom du Père et du Fils et du « Saint-Esprit. »

La *Confirmation* nous donne le Saint-Esprit avec l'abondance de ses grâces pour nous rendre parfaits chrétiens. Les Apôtres conféraient ce sacrement en *imposant les mains* sur les fidèles; les Evêques font aussi une *onction* avec le *Saint-Chrême*.

L'*Eucharistie* nous entretient dans la *vie spirituelle* de la grâce par la *communion*. En effet, elle contient réellement et en vérité le corps, le sang, l'âme et la divinité de notre Seigneur Jésus-Christ, sous les *espèces* du pain et du vin. De plus, renfermé sous ces deux espèces qui représentent son corps et son sang séparés en apparence, Jésus-Christ renouvelle, dans le *sacrifice de la messe*, le sacrifice de la croix, dont il nous applique les mérites.

La *Pénitence* nous rend la vie spirituelle quand nous l'avons perdue par le péché. Elle est établie pour *remettre les péchés* commis après le baptême. Elle exige de nous la *contrition*, la *confession* et la *satisfaction*. Jésus-Christ en a montré la nécessité, quand il a dit à ses apôtres : « Les péchés seront remis à ceux à qui « vous les remettrez, et ils seront retenus à ceux à qui « vous les retiendrez. » Ils doivent donc être déclarés au *tribunal de la pénitence*.

L'*Extrême-Onction* se rapporte à la vie du corps et à celle de l'âme. Elle est instituée pour le soulagement spirituel et corporel des malades, auxquels elle rend la santé, si elle est nécessaire pour le salut de l'âme. Saint Marc rapporte que les Apôtres *faisaient des onctions d'huile sur les malades et les guérissaient*, et saint Jacques enseigne comment ce sacrement doit être administré.

Outre les *besoins personnels* des Fidèles, JÉSUS-CHRIST a pourvu au *bien général* de l'Église.

L'Ordre est un sacrement qui donne à ses *ministres* le *pouvoir* de remplir leurs fonctions et la *grâce* pour les exercer saintement. Par conséquent, elle sera toujours *gouvernée* et *dirigée* dans la voie du salut, et les fidèles auront sans cesse une *autorité visible* qu'ils puissent consulter, et qui les protége contre l'erreur et le scandale.

Le *Mariage* sanctifie l'alliance légitime de l'homme et de la femme, de sorte que, s'édifiant l'un et l'autre, ils puissent *élever chrétiennement leurs enfants* et pourvoir ainsi au *maintien* et à la *propagation* de la foi, instruisant leur famille par leurs *leçons* et leurs *exemples*.

En troisième lieu, les Apôtres doivent *diriger* les Fidèles, puisque le Seigneur a prescrit de leur *apprendre à observer* les préceptes qu'il a donnés.

Les *préceptes* sont d'abord le *décalogue* ou les commandements publiés par le ministère de Moïse, et que JÉSUS-CHRIST a déclaré vouloir faire exécuter d'une manière plus parfaite.

C'est pour cela qu'il a dit que *la loi et les prophètes sont renfermés dans ces deux commandements :*

« 1° Vous aimerez le Seigneur votre Dieu de tout « votre cœur, de tout votre esprit, de toute votre âme, « et de toutes vos forces ;

« 2° Vous aimerez votre prochain comme vous-
« même. »

De là procèdent les trois vertus fondamentales, la
Foi, l'*Espérance* et la *Charité*, qui, se rapportant à
Dieu, comme à leur objet principal, sont appelées *vertus
théologales*.

La *Foi* écoute la *parole de Dieu*, et, dès qu'elle est
convaincue qu'il s'est fait entendre, comme quand Jésus-
Christ, tenant le *calice*, a dit : *Ceci est mon sang;* elle
croit sans autre examen. Elle examine, au contraire,
les *autorités* qui affirment que Dieu a parlé, et, si elles
sont légitimes, comme l'Église catholique par exemple,
elle n'hésite plus. Elle dit : « Mon Dieu, je crois ferme-
« ment tout ce que vous avez révélé, et que l'Église
« nous propose à croire; je le crois, parce que vous êtes
« la vérité même, et que vous ne pouvez ni vous tromper
« ni nous tromper. »

L'*Espérance* pense à la puissance, à la sagesse, à la
bonté de Dieu, qui gouverne tout, sans l'ordre ou la
permission duquel rien n'arrive dans le monde, et elle
se repose sur lui pour tous ses besoins et pour tous ses
travaux. C'est son *ancre* de salut; elle met en usage les
moyens naturels, mais elle implore la *grâce*. Elle
pratique la vertu, mais elle n'attend la *gloire* et la
récompense que de la munificence de Dieu. Elle dit :
« Mon Dieu, j'espère de votre bonté et de votre miséri-
« corde infinie, par les mérites de Jésus-Christ, mon
« Sauveur, la vie éternelle et les grâces nécessaires pour
« y parvenir. »

La *charité*, qui est la *foi agissante*, découvrant en
Dieu toutes les perfections, s'attache à lui comme à son
principe, de qui elle tient tout; comme à sa *fin*, de qui

elle espère tout, sachant bien que le seul bonheur véritable est dans l'*union avec Dieu*. Son but constant est donc de lui plaire, de le contenter en observant ses *lois*, en suivant ses *inspirations*. Et comme elle sait que le Seigneur tient pour fait à lui-même ce qu'on fait pour le *moindre de ses petits*, elle recueille les *petits enfants*, elle assiste les pauvres, elle console les affligés, elle ramène les pécheurs, elle *se fait tout à tous pour les gagner tous à Jésus-Christ*. Alors elle dit avec sincérité et avec joie : « Mon Dieu, je vous aime de tout mon « cœur, par-dessus toutes les créatures et plus que moi- « même, parce que vous êtes souverainement aimable ; « et j'aime mon prochain comme moi-même pour « l'amour de vous. »

Outre les vertus théologales, il faut remarquer, dans les enseignements et dans la conduite des apôtres, les *vertus cardinales*, qui sont la source et le fondement de toutes les *vertus morales*. Elle sont *quatre* :

1° La *tempérance*, qui modère, suivant les règles de la droite raison, l'amour et l'usage des plaisirs du corps ;

2° La *justice*, qui est la volonté constante de donner à chacun ce qui lui est dû ;

3° La *prudence*, qui fait discerner en chaque chose ce qu'il faut faire ou éviter ;

4° La *force*, qui détermine la volonté de l'homme à affronter, s'il le faut, les travaux et les dangers pour faire son devoir.

Ainsi nous apprenons à corriger nos défauts, à réprimer les *vices*, surtout l'*orgueil*, l'*avarice*, la *luxure*, l'*envie*, la *gourmandise*, la *colère* et la *paresse*, qu'on appelle ordinairement les *péchés capitaux*.

Jésus-Christ ayant recommandé la *prière* à ses apôtres, ayant dit : « Veillez et priez, » nous a par là même enseigné qu'il ne suffit pas d'estimer la vertu et de se tenir en garde contre le vice. Il faut encore, par la prière, obtenir le secours de Dieu, la grâce, que les sacrements nous confèrent quand nous les recevons, mais que, dans le cours ordinaire de la vie, nous pouvons nous assurer en *élevant* vers le ciel nos *cœurs* et nos *mains*, en nous *prosternant* devant le *Très-Haut*.

La prière est une élévation de notre cœur à Dieu pour lui rendre nos *devoirs* et lui exposer nos *besoins*.

Aussi les apôtres demandèrent-ils à *Notre-Seigneur* qu'il leur enseignât à prier, et il leur traça cette formule de prière qui, en *sept demandes*, exprime tout à la fois, et nos vœux pour honorer Dieu, et nos sollicitations pour notre bonheur, et que nous appelons avec raison la prière du Seigneur ou l'*Oraison dominicale*. On peut y rapporter les trois vertus théologales et les quatre vertus cardinales.

		« Notre Père, qui êtes aux cieux,
Foi.	1re Dem.	Que votre nom soit sanctifié ;
Espérance.	2e	Que votre règne arrive ;
Charité.	3e	Que votre volonté soit faite sur la terre comme dans le ciel.
Tempérance.	4e	Donnez-nous aujourd'hui notre pain quotidien ;
Justice.	5e	Pardonnez-nous nos offenses, comme nous pardonnons à ceux qui nous ont offensés ;
Prudence.	6e	Ne nous induisez point en tentation,
Force.	7e	Mais délivrez-nous du mal.
		Ainsi soit-il. »

L'Église joint ordinairement à cette prière la *Salutation angélique*, pour honorer et invoquer la *Sainte-Vierge*, en la saluant avec l'ange :

« Je vous salue, Marie, pleine de grâces; le Seigneur est avec vous; vous êtes bénie entre toutes les femmes, et Jésus, le fruit de vos entrailles, est béni.

« Sainte Marie, mère de Dieu, priez pour nous, pauvres pécheurs, maintenant et à l'heure de notre mort. Ainsi soit-il. »

C'est ainsi que les apôtres ont appris à *observer les préceptes* du Sauveur. Mais il importait d'établir un *culte public*, et de faciliter aux *chrétiens* l'accomplissement de leurs devoirs, en prescrivant certaines pratiques communes, certains *actes extérieurs*, qui pussent assurer, et la sanctification de chacun, et l'édification du prochain. De là sont venus les *commandements de l'Église* qui, d'abord au nombre de *dix* comme ceux du décalogue, sont maintenant réduits à six :

I Les fêtes tu sanctifieras
    Qui te sont de commandement.
II Les dimanches messe entendras,
    Et les fêtes pareillement.
III Tous tes péchés confesseras
    A tout le moins une fois l'an.
IV Ton Créateur tu recevras
    Au moins à Pâques humblement.
V Quatre-Temps, Vigiles jeûneras,
    Et le Carême entièrement.
VI Vendredi chair ne mangeras
    Ni le samedi mêmement.

Ces commandements ne sont pas les seules lois de l'Église qui soient *obligatoires*. Nous devons aussi obéir aux *canons* des conciles, aux *décrets* des papes, aux *mandements* des évêques, et en général à tout ce qui est prescrit par les *pasteurs légitimes*.

63

Or *le Sage*, dans le livre de l'*Ecclésiastique*, énonce
ce précepte : « Dans toutes vos œuvres, rappelez-vous
« vos *fins dernières*, et vous ne pécherez jamais. » La
sagesse des apôtres a donc offert aux chrétiens les vérités
qu'il leur importe de connaître sur leurs *fins dernières*,
qui sont la *mort*, le *jugement*, le *paradis* et l'*enfer*.

La *mort*, qui est la *séparation de l'âme et du corps*,
viendra certainement. Le *sablier* mesurera le temps
qui nous est accordé ; un moment viendra, nous ne
savons lequel, où nos actions devront être pesées dans
la *balance* de la justice, d'après la *loi divine*. Alors
notre âme abandonnera notre corps, qui deviendra un
squelette et finira par tomber en poussière. Ni la santé,
ni la jeunesse, ni la science, ni le pouvoir, ni les sup-
plications, n'empêchent la mort d'arriver. Il faut toujours être prêt.

Le *jugement* vient ensuite, suivant la parole de saint
Paul. Dieu demandera compte à chacun des grâces qu'il
a reçues, des fautes qu'il a commises, du bien qu'il n'a
pas fait, des scandales qu'il a donnés, du temps qu'il
a perdu, d'une *parole oiseuse*. Si l'âme est trouvée en
état de grâce, elle sera, par une sentence favorable,
assurée d'un *bonheur éternel*; sinon, elle sera condam-
née à la *mort éternelle*.

Le *paradis* donnera ce bonheur éternel à l'âme
sainte, et son *ange gardien* la présentera à Dieu pour
jouir à jamais de ces biens que l'Écriture essaie d'ex-
primer en disant : « Ils seront enivrés des délices de
« votre demeure, et vous les abreuverez du torrent de
« vos plaisirs. » C'est là que sont réunis les *élus*, après
avoir, s'il est nécessaire, achevé, dans le *purgatoire*, de
se purifier des moindres taches.

L'enfer, qui est la demeure des démons, le devient aussi des *réprouvés*. Ils sont là condamnés à la *mort éternelle*. La séparation de Dieu, qui est la *mort de l'âme*, les laisse exposés à toute la fureur des démons, et ils sentent à chaque instant la vérité de ces terribles paroles : « Le ver qui les ronge ne meurt pas, et le feu « qui les brûle ne s'éteint pas. » C'est JÉSUS-CHRIST lui-même qui les a prononcées.

Telle a été la doctrine des apôtres. Ils ont ainsi accompli la mission qui leur avait été donnée, ne se bornant pas à écrire, mais prêchant et exerçant l'autorité dont ils étaient revêtus.

Il nous reste d'eux non-seulement le *Nouveau Testament* qui nous offre l'*Evangile*, les *Actes* des apôtres, leurs *Epîtres* et l'*Apocalypse* de saint Jean, mais encore les *traditions* qu'ils ont recommandé de conserver et les *institutions* qu'ils ont fondées.

Il nous reste l'*Église*, cet édifice merveilleux dont les fidèles sont les éléments et dont JÉSUS-CHRIST est la base, la *pierre angulaire* sur laquelle s'appuie celui qu'il a appelé *Pierre* et à qui il a dit : « Sur cette pierre je bâtirai « mon Église, et les portes de l'enfer ne prévaudront « point contre elle. » Elle est assise sur un *rocher* que les vents des *persécutions* et des *hérésies* n'ébranleront jamais.

Jérusalem, au contraire, a vu ses tours, ses murailles et son temple détruits. Daniel l'avait annoncé cinq cents ans auparavant, et JÉSUS-CHRIST avait dit à ses apôtres que *l'abomination de la désolation prédite par ce prophète* arriverait avant que quelques-uns d'entre eux mourussent. Or, Jérusalem fut prise en l'an 70, et, outre plusieurs apôtres qui vivaient encore, saint Jean prolongea sa carrière jusqu'à la fin du siècle, tellement que notre troisième partie comprend exactement cent ans.

QUATRIÈME PARTIE.

DEPUIS LES APÔTRES JUSQU'A LA FIN DU MONDE.

—

Le Seigneur avait dit à ses apôtres et à ses disciples : « Voici que je vous envoie comme des agneaux au milieu des loups. » Les premiers prédicateurs de l'Évangile ne furent donc pas étonnés des *persécutions;* ils les supportèrent, ils les affrontèrent avec la prudence du serpent et la simplicité de la colombe. Ces persécutions furent suscitées à peu près partout où ils pénétrèrent; mais les *empereurs romains* se mirent à la tête des adversaires de Dieu et de *son Christ*. On compte surtout *dix époques* où cette guerre se renouvela avec un nouvel acharnement.

La première persécution eut lieu sous *Néron*, et sacrifia entre autres saint Pierre et saint Paul, comme nous l'avons vu.

La deuxième fut exercée par *Domitien*, à la fin du premier siècle, et ce fut elle qui éprouva saint Jean l'évangéliste.

La troisième, quatorze ans après, eut pour auteur le sage *Trajan*, dont l'aveugle sagesse fit périr saint Siméon, évêque de Jérusalem, âgé de cent vingt ans, et le célèbre saint Ignace, évêque d'Antioche. Elle continua sous *Antonin*.

La quatrième, que le philosophe *Marc-Aurèle* alluma presque en montant sur le trône, fit d'illustres victimes, notamment le vrai philosophe saint Justin, saint Polycarpe, sainte Félicité et ses sept enfants.

La cinquième, excitée par *Sévère* en 202, emporta saint Léonide, père d'Origène, saint Irénée et plusieurs autres grands hommes.

La sixième, sous *Maximin,* se ressentit de la férocité de ce Thrace couronné, qui, entre autres victimes, immola le pape saint Anthère.

La septième, qui montra le courage de saint Fabien, successeur de saint Anthère, commença en 250 par les ordres de *Décius.*

La huitième, ordonnée par *Valérien*, sacrifia saint Laurent, diacre, saint Étienne, pape, saint Cyprien, évêque de Carthage, et tant d'autres.

La neuvième, dont sainte Colombe à Sens, saint Mammès à Antioche, sentirent la rigueur, fut provoquée par *Aurélien,* et finit par le martyre du pape saint Félix.

La dixième et dernière persécution, par laquelle *Dioclétien* entreprit de détruire le christianisme et qui vit le triomphe de saint Sébastien, de saint Maurice et de sa légion, assura aussi le triomphe de la croix. Le courage et la patience des fidèles lassèrent ou convertirent leurs ennemis. *Le sang des martyrs* était une *semence;* la moisson fut nombreuse.

L'empereur *Constantin* lui-même fut conquis par Jésus-Christ, qui l'avait rendu vainqueur de ses ennemis, surtout de Maxence, et l'avait encouragé par l'apparition d'une croix lumineuse avec un drapeau et cette inscription : *Triomphez par ce signe.* En 312, il publia un édit en faveur des chrétiens, et il continua de professer et de protéger la religion. C'est sous son règne, en 325, que se rassembla le premier *concile œcuménique* qui se tint à Nicée.

Sainte Hélène, sa mère, convertie comme lui, suivit les élans de la charité et de la piété, érigeant des églises, assistant les pauvres et les malades, faisant aimer et louer la religion. Elle alla à Jérusalem et voulut trouver la *croix* à laquelle le Sauveur avait été attaché. Elle fit faire des fouilles au calvaire, et sa foi fut récompensée. C'était en 326. La *vraie croix* est maintenant divisée en une multitude de morceaux, de parcelles, qui, par tout l'univers, portent dans les cœurs chrétiens la grâce et les consolations.

En 330, Constantin fit la consécration solennelle de sa ville de *Constantinople*, où il voulut transférer le siége de l'empire; ce qui contribua plus tard au partage de ses vastes États et produisit les empereurs d'*Orient* et d'*Occident*.

Mais si les persécutions générales cessèrent alors, l'Église ne resta pas pour cela sans épreuves, sans douleurs.

Le *paganisme* essaya de reprendre le pouvoir sous l'empire de *Julien*, qui, élevé dans la religion chrétienne, devint *apostat* par ambition et politique. Il employa la ruse pour renverser le christianisme, et, dans l'intention de faire mentir les prophéties, il essaya de faire rebâtir le *temple de Jérusalem;* mais, chaque fois qu'on se mit à l'ouvrage, des feux souterrains s'élevèrent et dispersèrent les ouvriers. Ses autres efforts furent également trompés, et, blessé à mort dans une guerre contre les Perses, il s'écria : *Tu as vaincu, Galiléen.*

Le *Galiléen* a vaincu de même ses autres ennemis, et *Valens* persécutant en faveur des Ariens, et l'iconoclaste *Léon* l'Isaurien, et *Sapor*, roi de Perse, et *Genseric*, roi des Vandales. Sa religion a survécu aux persécuteurs.

L'Église de Jésus-Christ a produit des *martyrs par millions* pour triompher de la violence; puis, pour triompher de la ruse, qui, par l'erreur et la corruption, veut saper la base de la foi et des mœurs, elle a produit des *docteurs* terrassant comme David les Goliaths du schisme et de l'hérésie, renversant par *dix mille* les fauteurs de scandales.

Nous avons vu *saint Justin*, *saint Irénée*, *saint Cyprien;* nous trouverions encore dans les premiers siècles les *apologistes* et d'autres *Pères de l'Église*. Mais qu'il nous suffise de nommer les plus illustres. L'*Église grecque* et l'*Église latine*, ces deux grandes divisions de l'Église catholique, en comptent chacune *quatre*, comme on compte *quatre* évangélistes.

Les quatre docteurs de l'Église grecque sont :

1° Le grand saint Athanase, patriarche d'Alexandrie, qui confondit l'impie Arius et montra un courage invincible jusqu'à sa mort en 373;

2° *Saint Basile* le Grand, évêque de Césarée en Cappadoce, dont la fermeté imposa à l'empereur Valens, et qui mourut six ans après saint Athanase, confesseur de la foi comme lui;

3° *Saint Grégoire de Naziance*, patriarche de Constantinople, l'ami de saint Basile et son émule dans la défense de la foi de Nicée;

4° *Saint Jean Chrysostôme*, qui lui succéda presque immédiatement sur le siége de Constantinople, et dont

les écrits sont un des plus admirables monuments lit-
téraires et religieux. Sa mort arriva en 407.

L'Église latine a produit :

1° *Saint Ambroise*, archevêque de Milan, l'ami et le
censeur de l'empereur Théodose, le maître de saint
Augustin ;

2° *Saint Jérôme*, prêtre et solitaire, aussi austère que
savant, illustre par ses travaux sur l'Écriture sainte ;

3° *Saint Augustin*, évêque d'Hippone, dont la conversion, le zèle, l'éloquence, les nombreux écrits ont
rendu le nom illustre et populaire ;

4° *Saint Grégoire* le Grand, pape, le *serviteur des
serviteurs de Dieu*, dont Rome et l'univers ont admiré
l'humilité, la magnanimité et les ouvrages. Il meurt en
l'an 604, la même année que le nouveau *saint Augustin*
qu'il avait envoyé porter la foi en Angleterre. Le premier saint Augustin était mort en 430, saint Jérôme
en 420, saint Ambroise en 397.

Voilà les *grands hommes* que la science et la foi ont
donnés à l'Église, contre les premières tentatives faites
par l'hérésie pour troubler le triomphe obtenu sous
Constantin. Mais il importe de remarquer qu'elle n'a
pas besoin des grands hommes ni d'aucun homme en
particulier pour subsister et prospérer : ses *institutions*
sont telles qu'il lui est facile de pourvoir à tous les besoins, à tous les vœux, à tous les dangers, et elle éprouve
sans cesse la vérité de ces paroles du Sauveur : « Ne crai-
« gnez point, petit troupeau, parce qu'il a plu à votre
« père de vous donner l'empire. » Le petit troupeau de
Jésus-Christ est devenu, dans l'ordre spirituel, le maître du monde. Nous allons, siècle par siècle, suivre ses

6.

progrès et voir comment ses *pâturages* et ses *bergeries* ont occupé les diverses plages de l'univers.

Les *institutions* de l'Église sont principalement : 1° la *papauté* et le corps épiscopal; 2° les *corps religieux* et les missionnaires; 3° les *conciles* et les synodes; 4° les *rites* et pratiques de discipline; 5° les *écoles* et séminaires. Dans tous les siècles, ces moyens de conservation et de propagation ont produit de nombreux résultats.

Les papes du premier siècle, tous martyrs à l'exemple de leur chef saint *Pierre*, recommandent aux fidèles la pratique des *conseils évangéliques*, et dès ce temps les *vierges martyres* prouvent l'énergie de leur foi. L'Orient et l'Occident voient de nombreux pontifes établir leurs siéges au milieu des menaces et des persécutions, mais dans l'espérance du secours d'en haut. Les solitaires qui habitaient le *Carmel* commencent à suivre les exemples de saint Jean-Baptiste annonçant le Sauveur, et les *Thérapeutes* se font remarquer par l'austérité de leur vie. Le *concile de Jérusalem* en l'an 49 abolit les *observances de la loi mosaïque*. Les usages et les règles établis ensuite ont donné lieu aux *canons des apôtres* et aux *constitutions apostoliques*. A cette époque remontent l'institution du *dimanche*, la célébration des fêtes de *Noël*, de *Pâques*, de l'*Ascension* et de la *Pentecôte*, l'usage des *onctions*, du *chant* et du *luminaire* dans les offices. En vain *Ébion* et *Cérinthe* nient la divinité de JÉSUS-CHRIST; en vain le diacre *Nicolas* veut-il rendre obligatoire et outrer jusqu'à l'infamie la *communauté des biens;* la vérité et la pureté de la doctrine l'emportent.

Pendant le deuxième siècle le martyre continue de moissonner tous les papes et la plupart des évêques;

mais la *parole de Dieu n'est point enchaînée*, et tandis que saint *Justin* et *Athénagore* présentent aux Romains leurs *apologies* de la religion, saint *Pantène* part d'Alexandrie et va, sur les traces de saint Barthélemy et de saint Thomas, annoncer aux Indes la *bonne nouvelle* du salut. L'amour de la retraite et de la solitude entraîne quelques fidèles loin des scandales du monde, notamment saint *Narcisse*, évêque de Jérusalem, qui abandonna son siége, où pourtant la voix de Dieu le ramena. Mais les évêques veillaient, et les *gnostiques*, les *montanistes*, les *quartodécimans* furent condamnés par divers conciles, qui maintinrent la sage discipline des apôtres. La célébration de la Pâque est fixée au dimanche qui suit le quatorzième jour de la lune, ce que nous exprimons maintenant ainsi : « le dimanche « d'après la pleine lune qui suit l'équinoxe du prin- « temps. » Le *signe de la croix*, les *jeûnes*, la *prière pour les morts*, le *viatique donné aux malades*, les *fêtes anniversaires* devinrent en usage dans le cours de ce siècle.

Le troisième vit les *souverains pontifes* multiplier avec un nouveau zèle le nombre des missionnaires et des évêques. Les églises des Gaules devinrent alors très-florissantes, et la plupart des critiques rapportent à ce temps la fondation de celle de *Paris* par saint *Denis*. « Après l'établissement du christianisme en France, « dit le *Dictionnaire des origines*, il y eut presque autant « de colléges qu'il y avait de cathédrales, de chapitres « et de monastères. » Saint *Paul*, premier *ermite*, saint *Antoine*, patriarche des *cénobites*, saint *Hilarion*, instituteur des religieux dans la Palestine, répandent le goût de la vie monastique. On rapporte à l'an 270 la fondation du premier *monastère de femmes* ; c'était en

Egypte, et la sœur de saint Antoine y entra. L'hérétique et schismatique *Novat*, l'hérétique et schismatique *Novatien*, *Paul* de Samosate, nient la divinité de
JÉSUS-CHRIST, *Manès* soutenant qu'il y a deux principes
créateurs, sont dénoncés et anathématisés à Rome, à
Antioche, en Mésopotamie, partout où les évêques dé-
couvrent l'erreur. Saint *Clément* d'Alexandrie, saint
Hippolyte, saint *Grégoire* Thaumaturge, saint *Cyprien*,
saint *Pamphile*, écrivent en faveur de la religion, ainsi
qu'*Origène*, qui s'égara mais qui revint, et *Tertullien*,
qui, après avoir parlé pour la vérité, employa son talent
à soutenir les erreurs de Montan. L'avocat *Minucius
Felix* plaida admirablement dans son *Octavius* la
cause du christianisme.

C'est le 4ᵉ siècle, comme nous l'avons dit, qui mit
un terme aux persécutions générales, et *l'ère de Dioclétien*, qui commence en 284, n'eut guère plus de
durée que *l'ère républicaine* qu'on essaya 1600 ans
plus tard d'introduire en France. Le pape saint *Mil-
tiade* fut témoin de la conversion de Constantin, et
saint *Silvestre*, son successeur, eut le bonheur de baptiser le premier empereur chrétien, et de convoquer,
d'accord avec lui, le premier *Concile œcuménique*, où
318 évêques furent réunis. Le concile de Nicée donna
le modèle de ces solennelles assemblées, où, éclairés
par l'Esprit saint, le Pape et les Évêques, à qui Jésus-
Christ a dit : « Voici que je suis avec vous, *ecce ego vo-
« biscum sum*, » examinent, discutent et décident les
questions de dogme, de morale et de discipline qui leur
sont soumises. Le Pape présida par ses légats, les évêques délibérèrent, et l'empereur, après avoir assisté
à quelques délibérations et montré ses chrétiennes et

bienveillantes intentions, promit d'appuyer de son autorité les décisions du concile. Le concile condamna la
doctrine d'*Arius*, qui niait que Dieu le fils fût égal au
Père, rédigea un *symbole*, publia plusieurs Canons, et
régla divers points de discipline. Une autre hérésie, celle
des *Donatistes*, avait été proscrite, par des *conciles particuliers*, à Carthage, à Rome et à Arles : conciles con-
firmés par le Pape. Celle des *Macédoniens*, qui niaient
la divinité du Saint-Esprit, nécessita la convocation
d'un nouveau concile œcuménique en 381 ; il fut tenu
à *Constantinople*. *Lactance*, *Eusèbe* de Césarée, saint
Hilaire de Poitiers, saint *Cyrille* de Jérusalem, saint
Éphrem, outre les grands docteurs dont nous avons
parlé, propagent et défendent par leurs écrits la religion, dont saint *Antoine*, saint *Pacôme*, saint *Basile*,
tracent les règles à ceux qui veulent mener une vie plus
parfaite.

Parmi les Papes qui, dans le 5ᵉ siècle, gouvernè-
rent l'Église, il est juste de remarquer saint *Léon* le
Grand, compté aussi parmi les docteurs, qui mérita
son titre par ses grandes actions comme par ses beaux
ouvrages. Un pieux évêque, saint *Mamert*, établit,
dans son diocèse de Vienne en Dauphiné, les processions des *Rogations*, que l'Église universelle a adoptées.
Le monastère de *Lérins*, fondé en 409, un an avant la
mort de saint *Maron*, dont les *Maronites* ont conservé
le nom en Orient, peut être, en Occident, considéré
comme le premier établissement de ce genre. Il précéda
ceux de saint *Benoît*, qui ne parut qu'à la fin de ce
siècle, après avoir passé trois ans dans sa grotte de
Sublac. La France vit, dans saint *Germain* d'Auxerre
et dans sainte *Geneviève*, la vertu, sous diverses formes,

produire des miracles, tandis que saint *Patrice* évangé-
lisait l'Irlande. Elle vit saint *Waast* et saint *Remi* instruire et baptiser le principal fondateur de la *monarchie
française*, *Clovis*, qui, résistant aux Ariens, mérita le
titre de *roi très-chrétien*. Cependant l'hérésie renou-
velait ses tentatives. *Pélage* niait la nécessité de la grâce,
tandis que *Nestorius* voulait distinguer en JÉSUS-CHRIST
deux personnes, et ne pas reconnaître Marie comme
mère de Dieu; *Eutychès* confondait les deux natures
et n'en admettait qu'une. Le premier fut condamné par
le pape *Zosime*, dont la sentence fut renouvelée par le
concile général d'*Éphèse*, qui proclama la maternité
divine de la sainte Vierge. Ce concile, tenu en 431,
sous le pape saint *Célestin*, fut suivi, en 451, sous le
pape saint Léon, de celui de *Chalcédoine*, qui, contre
Eutychès, déclara qu'en une seule personne deux natures sont réunies dans JÉSUS-CHRIST, égal par sa divinité au Père, auquel il est inférieur par son humanité.
Saint *Paulin*, *Théodoret*, saint *Pierre Chrysologue*, saint
Prosper, *Salvien*, sont les écrivains les plus connus dans
ce siècle.

Le siècle suivant, qui vit le *corps de saint Augustin*
transféré en Sardaigne, d'où plus tard il fut porté à
Pavie, fut illustré par d'autres grands évêques, saint
Césaire d'Arles, saint *Fulgence*, saint *Malo*, saint *Grégoire* de Tours, saint *Médard*, saint *Germain* de Paris,
saint *Prétextat* de Rouen, dont la plupart ont laissé des
écrits précieux. Mais les institutions monastiques ne
furent pas moins remarquables. L'abbaye du *mont
Cassin* et la *règle de saint Benoît*, admirée par saint
Grégoire le Grand, dominent surtout cette époque, qui
se réjouit aussi des fondations de saint *Césaire*, de saint

Radegonde, à Poitiers, et de saint *Colomban*. En 542, la
fête de la *Purification* de la sainte Vierge fut établie.
Les hérétiques prenaient de nouvelles formes ou inventaient de nouvelles erreurs. Les *Iconoclastes* commençaient ou plutôt continuaient à proscrire les images, que
l'Église *honore* sans les adorer. Les *monothélites*, déduisant du système d'Eutychès les dernières conséquences,
n'admettaient en Jésus-Christ qu'une seule volonté.
D'autres erreurs moins répandues furent aussi signalées,
et deux conciles œcuméniques furent convoqués, tous
deux à *Constantinople*, l'un en 553, qui s'occupe principalement des erreurs d'*Origène* et de *Théodoret*; l'autre
en 681, qui, à la suite d'un grand nombre de décisions,
condamna sans retour les monothélites et les constitutions impériales en leur faveur.

Nous arrivons ainsi au commencement du septième
siècle, qui ne fut pas moins agité que le précédent par
les efforts de l'erreur contre la saine doctrine. Elle se
manifeste d'une manière plus effrayante encore par
l'organe de *Mahomet*, qui, voulant attirer les juifs et les
chrétiens en adoptant quelques-uns de leurs dogmes,
anéantissait en réalité l'une et l'autre religion. Le *Coran*
essaya de supplanter la Bible, et les armées mahométanes auraient opéré cette révolution, si la force pouvait prévaloir contre Dieu. La fuite ou *hégire* de Mahomet commence l'ère des Arabes, mais ne trouble
pas la marche des siècles chrétiens. La *vraie Croix*,
découverte par sainte *Hélène*, emportée par les Perses,
recouvrée par *Héraclius*, est rétablie à Jérusalem en 628.
Les *Pictes*, en Ecosse, sont convertis par saint *Colomban*.
Saint *Willebrod* évangélise les *Frisons*. Pendant ce
temps, les ordres religieux se multiplient. Saint *Jean*.

Climaque, abbé du mont *Sinaï*, écrit l'*échelle* de la perfection. Saint *Gal*, sainte *Fare*, saint *Éloi*, saint *Riquier*, sainte *Bathilde*, saint *Ansbert*, fondent ou augmentent des abbayes. Saint *Valery*, reclus, puis abbé, fonde un monastère qui a gardé son nom et l'a donné à deux villes. Ce même siècle accueillit et conserva les écrits de saint *Léandre* et de saint *Isidore*, évêques de Séville; de saint *Ouen* de Rouen; de saint *Maxime* de Constantinople; de saint *Ildefonse* de Tolède.

Le huitième siècle fut témoin de la conquête religieuse de l'Allemagne par saint *Boniface*, qui scella de son sang les vérités qu'il annonçait. Le frère du roi Pepin, *Carloman*, se fait religieux du mont Cassin, et meurt en odeur de sainteté. *Witikind*, prince des Saxons, embrasse la religion chrétienne. Pendant ce temps, les papes travaillent à l'édification des fidèles. A l'occasion de la dédicace du *Panthéon* de Rome, consacré en 607 par le pape Boniface III à la Sainte Vierge et à tous les martyrs, Grégoire III, un siècle après, établit la *Fête de tous les saints*. Saint *Benoît d'Aniane* rend à la vie monastique son ancienne régularité, que les guerres et les révolutions des empires étaient venues troubler. En 747, un concile d'Angleterre ordonne de former des écoles pour les jeunes gens. Saint *Jean* de Damas écrit en faveur des saintes images et contre les hérésies. *Léon l'Isaurien* et *Constantin Copronyme*, au contraire, ayant même par de cruelles persécutions soutenu les opinions des *iconoclastes*, l'empereur *Constantin V*, fils d'Irène, d'accord avec le pape *Adrien Ier*, convoqua un concile général à *Nicée*, le second tenu dans cette ville, qui vengea la pratique de l'Église dans le culte des saintes images, et anathématisa ceux qui les détruisaient. Le même⟩ pe termina le siècle en couronnant, le 25 décembre 800, *Charlemagne*, roi de France, comme *empereur d'Occident*, Charlemagne, dont le souvenir est honoré par l'Église, qui lui rend un culte; par l'université, qui le tient son fondateur; par la magistrature, qui admire ses capitulaires; par l'armée, qui vante ses exploits guerriers. L'Église et la science lui savent gré notamment d'avoir prescrit à tous les évêques et abbés d'établir, dans leurs églises ou monastères, des écoles particulières ou publiques; ce qui d'ailleurs s'était pratiqué dès le quatrième siècle.

La piété prépara, dans le neuvième siècle, des sanctuaires pour plusieurs saints illustres, dont les reliques furent solennellement transférées : celles de saint *Cyprien*, à Compiègne; de saint *Hubert*, premier évêque de Liége, à l'abbaye qui porte son nom; de sainte *Reine*, à Flavigny; de sainte *Hélène*, à Hauvillers en Champagne; de saint *Martin*, à Tours, d'où elles avaient été portées à Auxerre. Mais un grand malheur pour l'Église se préparait aussi. Tandis que la *Russie* devenait chrétienne, *Constantinople* se faisait *schismatique*. Ses patriarches avaient souvent élevé des prétentions contraires à *l'unité*. *Photius* voulut rompre entièrement, et se sépara de l'Église romaine. Mais par compensation, les *Bulgares* convertis repoussent les ennemis de la foi. A *Constantinople* même, en 869, le quatrième concile général assemblé dans cette capitale, le huitième de tous, repoussa les prétentions de *Photius*, et formula de sages canons de discipline. Le démon de l'hérésie, confondu sur les dogmes les plus saillants, s'attaqua à d'autres vérités qui n'avaient pas encore été débattues. *Gothescalq*, moine bénédictin, enseignait que J.-C. n'est

7

mort que pour les élus, et *Jean Scot Érigène* écrivait contre la *présence réelle*, erreurs déplorables, déjà aperçues, soutenues et propagées depuis, malgré les réclamations et les condamnations auxquelles elles donnèrent lieu dès leur apparition. *Nicéphore, Théodore Studite, Raban Maur, Pascase Ratbert, Usuard, Hincmar*, archevêque de Reims, *Adon*, archevêque de Vienne, *Anastase* le Bibliothécaire ont, par leurs écrits, conservé le souvenir des faits antérieurs et contemporains, et les traditions doctrinales. Plusieurs de ces savants étaient professeurs, et, vers la fin de ce siècle, *Remi*, moine de Saint-Germain d'Auxerre, ouvrit à Paris une école de philosophie.

Le schisme avait plus d'une fois affligé Rome même, où des *antipapes* disputaient l'autorité aux papes légitimes. Le dixième siècle donna plus souvent encore ce triste spectacle, mais sans ébranler le Saint-Siége et sans empêcher la foi de s'étendre. *Wimon*, archevêque de Brême, prêche les *Goths* ou Suédois, et *Gilles*, évêque de Tusculane, convertit en *Pologne* le roi *Micislas;* la *Bohême* est évangélisée; les rois de *Danemark* et de *Norwége* embrassent le christianisme; saint *Adelbert* prêche et meurt martyr en *Prusse;* et, l'an 1000, dernier de ce siècle, saint *Étienne* de Hongrie est couronné roi. L'ignorance, qui règne partout, amène beaucoup de désordres et de crimes. Les Sarrasins exercent en Espagne d'affreuses persécutions, et attaquent diverses contrées de l'Europe. Mais alors les *cloîtres* deviennent le *refuge* des persécutés, des pécheurs repentants, et l'*asile des sciences* et des lettres. *Cluny, Fontenelle,* saint *Magloire,* saint *Denis,* reçoivent la réforme et répandent l'édification. De peur des superstitions, on donne à la canonisation des saints plus d'authenticité, et, en 993, saint Ulric, évêque d'Augsbourg, n'est proclamé qu'après la plus sérieuse instruction de sa cause. *Siméon Métaphraste, Odon* de Cluny, *Flodoard, Léonce* de Byzance, *Suidas* même, le pape *Sylvestre II, Burchard* de Worms, ont empêché les ténèbres d'envelopper l'Église.

Elle était cependant désolée par de grands scandales, et il se trouva dans le onzième siècle un pape de dix ans. Mais, par une protection singulière de la Providence, la foi semblait alors plus vive, et, au milieu des guerres et des troubles politiques, la papauté était la seule puissance qui fût encore respectée ; tellement que, quand *Hildebrand*, sous le nom de *Grégoire VII*, annonça en 1073 qu'il renverserait *toute hauteur s'élevant contre la science de Dieu*, il réussit à réprimer, à redresser, à remettre dans la voie le vaisseau de l'Église, qui, dès-lors, ne parut jamais exposé à la submersion. On crut même, à la fin de ce siècle, que la croix allait reprendre à Jérusalem la place d'où elle avait été, dans le septième siècle, enlevée par les Sarrasins. Les *croisades* avaient conquis la *ville sainte*, et *Godefroi de Bouillon* était devenu roi de Jérusalem en 1099. Mais les *infidèles* ne cessèrent de harceler les chrétiens ; et, cent vingt-sept ans après, ils reprirent la ville pour ne plus la rendre. Les *Camaldules*, les moines de *Grammont* et de *Vallombreuse*, les *Chartreux*, les *Antonins*, l'ordre de *Cîteaux*, l'ordre de *Fontevrault*, conjurèrent la tempête, et les moins croyants espérèrent. Les *Manichéens* reparurent, *Bérenger* ne voyait dans l'eucharistie qu'une figure. Mais les conciles condamnent et les théologiens réfutent. *Fulbert* de Chartres, *Adhémar* de Saint-Cibar d'Angoulême ; *Guy* d'Arezzo, l'inventeur des notes de musique ; *Raoul* de Cluny ;

Pierre Damien; Lanfranc; Théophylacte; saint *Anselme,* ont entretenu le flambeau de la doctrine.

Ce dernier mourut au commencement du douzième siècle; mais, huit ans après, en 1117, naquit celui qui devait un jour occuper son siége de Cantorbéry, et l'illustrer par le martyre, saint *Thomas* Becket. Saint *Bernard* commençait alors à occuper le monde, dont il devait, jusqu'en 1153, tenir presque le sceptre par son éloquence et par sa vertu. Simple moine, il donnait des leçons aux rois et aux papes, n'oubliant jamais l'humilité ni la charité. Il prêcha les *croisades*, et contribua ainsi à délivrer l'Europe des Sarrasins, et la France de la féodalité. Sans les instructions qu'il adressa au pape *Eugène*, peut-être Innocent III n'aurait-il pas tenté, encore moins réalisé, tout le bien qu'il commença à la fin de ce siècle. Avec saint Bernard et les croisades, surgissent ces ordres de chevalerie, que la religion rendit presque tous hospitaliers, les chevaliers de *Malte*, les *Templiers*, l'ordre de saint *Lazare*, les chevaliers d'*Alcantara*, ceux de saint *Michel* en Portugal, l'ordre *Teutonique*; tandis que les chanoines réguliers de *Prémontré*, de sainte *Geneviève* et autres, ranimaient la piété et l'amour de la retraite et du savoir. *Abailard*, entraîné par la passion et par l'esprit de système, donna deux sortes de scandale; mais il se soumit à la pénitence, se rétracta, et mourut en 1142 d'une manière édifiante. Les *Albigeois*, dont les erreurs et les désordres rappelaient les Manichéens, ne voulurent ni se soumettre ni respecter l'ordre public, et il fallut les attaquer à force ouverte. Les *Vaudois* aspiraient à la communauté des biens, et joignaient à cette utopie des erreurs de doctrine qui furent condamnées par l'Église. La confusion qui avait régné depuis deux siècles, et ces dernières aberrations, engagèrent les papes et les évêques à convoquer des conciles nombreux, dont *quatre œcuméniques*, qui s'assemblèrent à Rome dans le palais de *Latran*; le premier, en 1123, qui régla, dans les investitures et les élections, les droits des papes et des empereurs, puis traita des expéditions pour la délivrance de la Terre-Sainte; le second, en 1139, pour combattre le schisme de l'antipape *Pierre Léon* et rétablir la discipline; le 3ᵉ contre les Albigeois et les Vaudois, en 1179; le quatrième, au commencement du siècle suivant, en 1215, où, après la condamnation de diverses erreurs, et la décision relative aux croisades, il fut publié d'importantes règles de discipline, et notamment les canons pour la *confession annuelle* et la *communion pascale*. Mais, avant de quitter les conciles de Latran, il est bon de voir comment celui de 1179 entendait les *idées libérales*, la *tolérance* et la *liberté d'enseignement*. Il prescrit d'établir des chaires pour instruire les *pauvres*, de ne refuser aucun *professeur* capable, de donner l'instruction *gratis*. Le douzième siècle avait été en outre instruit par les écrits de *Zonare*, d'*Orderic Vital*, de l'abbé *Suger*, et surtout de *Pierre Lombard*, de *Richard* de Saint-Victor, de *Pierre de Blois* et de *Gratien*; ce dernier a réuni les décrets des papes et des conciles, qui font la première partie du *droit canonique*.

Le treizième siècle fut éclairé par les exemples et les prédications de deux illustres *pauvres*, qui, *mendiant* pour vivre, attirèrent à leur suite une multitude de disciples. Ces deux héros de la pauvreté évangélique, saint *François* d'Assise et saint *Dominique*, ont été la grande cause du renouvellement qui a signalé leur époque, et les ordres qu'ils fondèrent n'ont cessé de produire des fruits de salut. Ils se partagent l'univers, pour y porter ou y rappeler l'évangile. Les *Missions* commencent avec eux. Toutes les bonnes œuvres ont alors leurs apôtres. Les religieux de la *Merci*, les *Servites*, les *Silvestrins*, les *Célestins*, les chevaliers de saint *Georges*, et ceux de saint *Jacques;* d'un autre côté, les religieuses de saint *Dominique*, de sainte *Claire*, de la *Merci*, les *Trinitaires*, les *Urbanistes*, les *Augustines*, semblent conspirer contre les fausses doctrines et les mauvaises mœurs. Saint *Bonaventure* et saint *Thomas* d'Aquin dominent cette sainte ligue et sont consultés même par les conciles. Saint *Louis*, roi de France, pieux, mais ferme, sait à la fois se soumettre à l'Église et résister aux sollicitations de la cour romaine, quand elles se rapportent à des intérêts temporels. Sous son règne, la corporation des écoles de Paris prend le titre d'*Université*. En 1252, la *Sorbonne* est fondée par lui. En 1289, deux d'*Harcourt*, l'un chanoine, l'autre évêque, élèvent le *collége d'Harcourt*. Trois ans après, le *cardinal Lemaine* donne aussi son nom à un nouveau collége. Les erreurs contre la présence réelle se renouvelant, l'Église, comme protestation, établit la *fête du Saint-Sacrement*, à Liége, en 1246, par tout l'univers en 1264. Pour terminer ce siècle, Boniface VIII annonce le *jubilé*, qui plus tard fut accordé tous les *vingt-cinq ans*. Comme le palais de Latran avait vu quatre conciles œcuméniques en un siècle, de même la ville de *Lyon* fut honorée, en moins de trente ans, de deux assemblées également solennelles. Le premier concile, en 1245, destiné principalement à terminer les différends entre le sacerdoce et l'empire, commença l'ère où les *deux pouvoirs* furent mieux définis, mieux distingués; il ranima le zèle pour l'expédition de la Terre-Sainte, et formula des canons de discipline. Constantinople était alors occupée par les Français, qui lui donnèrent des empereurs de 1204 à 1261; ce qui fit concevoir la pensée de réconcilier les églises de l'Orient. Aussi, le second concile de Lyon, en 1274, définit que *le Saint-Esprit procède du Père et du Fils*, et prit des mesures pour mettre un terme au schisme des Grecs. Outre saint Bonaventure et saint Thomas, ce siècle produisit, comme écrivains, saint *Antoine* de Pade, le pape *Grégoire IX*, saint *Raymond* de Pennafort, *Roger Bacon*, *Vincent* de Beauvais, *Albert* le Grand, et deux femmes célèbres, sainte *Gertrude* et sainte *Mechtilde*.

Tandis que le schisme des Grecs affligeait l'Église, le quatorzième siècle en vit naître un nouveau qui porta le trouble en *Occident*. Il fut en partie préparé par la détermination que prit le pape *Clément V*, né près de Bordeaux, de fixer son siége à *Avignon*; ce qui fut continué par ses successeurs jusqu'en 1377. L'année suivante, les cardinaux élurent successivement *deux papes*, dont l'un se fixa à Avignon, et cette scission dura cinquante ans. Clément V avait, pendant le cours de son pontificat, frappé un grand coup sur un des ordres de chevalerie dont nous avons parlé. Les *Templiers*, accusés de crimes énormes, furent condamnés et supprimés par le concile général de *Vienne*, en 1311, qui proscrivit aussi diverses hérésies et leurs fauteurs. Mais une des plus dangereuses commença, soixante ans après, à se répandre en Angleterre. Outre qu'il niait la *transsubstantiation* et établissait le *fatalisme*, *Wiclef* enseignait que nul homme en péché mortel ne doit exercer l'autorité, et renversait ainsi toute subordination. L'autorité des empereurs d'Orient avait alors succombé sous d'autres ennemis, les mahométans s'étant emparés de Constantinople en 1453. Heureusement les ordres religieux continuaient à populariser l'obéissance; les *Olivetains*, les *Jésuates*, les *Hiéronymites*, se soumettent à des observances assez sévères, tandis que les ordres de chevalerie du *Christ*, de l'*Étoile*, de *la Colombe*, appuient et défendent le pouvoir. Et *Jean Scot*, *Raymond Lulle* de Majorque, Guillaume *de Nangis*, *de Lira*, Guillaume *Ockam*, le cardinal *Cajetan*, Jean *Taulère*, Amaury *Auger*, le cardinal Pierre d'*Ailly*, soutenaient par leurs écrits les vrais principes. Les papes *Clément V* et *Benoît XII* ajoutaient au droit canon de nouvelles constitutions, et sainte *Brigitte*, ainsi que sainte *Catherine de Sienne*, éclairée par des révélations, découvrait les mystères de la vie spirituelle.

Cependant le *schisme* continuait; les Papes de Rome et d'Avignon étaient reconnus par diverses parties du monde catholique, et les souverains temporels s'inquiétaient des troubles qui en étaient résultés et qu'on prévoyait. Les Cardinaux des deux *obédiences* convoquèrent à *Pise*, en 1409, un concile, qui déposa les deux papes et en élut un nouveau. Mais ses décisions ne furent pas respectées, et il se trouva *trois papes* au lieu de deux. Heureusement le concile de *Constance*, assemblé en 1414, prit des mesures pour s'assurer le concours des puissances séculières, et le pape *Martin V*, élu le 11 novembre 1417, fut universellement reconnu, bien que Benoît XIII et son prétendu successeur aient eu jusqu'en 1429 quelques partisans. A partir de ce moment, les *antipapes* et toute opposition à l'unité de l'Église romaine ont disparu. D'autres difficultés s'élevèrent. La supériorité du Pape sur le concile ou du concile sur le Pape, donna lieu à des discussions très-vives à Constance d'abord, puis, en 1431, à *Bâle*, dont le concile n'est pas regardé comme œcuménique par tous les théologiens. Une matière plus propre à contenter la foi fut aussi traitée à Bâle, la *réunion des Grecs*, qui fut le principal but du concile de *Florence* en 1439. L'empereur et le patriarche de Constantinople y assistèrent, et la paix fut conclue; mais dès l'année suivante elle fut violée en Orient. Les hérétiques continuaient d'agiter l'Occident. Jean *Hus* et *Jérôme de Prague*, renouvelant les erreurs de Wiclef, auxquelles ils en ajoutaient de leur invention, avaient été condamnés à *Constance*; mais leurs disciples persistèrent et excitèrent de nouveau la guerre à main armée, tandis que, dans les Pays-Bas et même en Italie, les dogmes et la discipline étaient attaqués par des prédicants. L'Église ne se laissait pas effrayer; elle produisait de nouveaux ordres et de nouveaux docteurs. Les *Minimes*, fondés par saint *François* de Paule, se distinguèrent par leurs services. Les chevaliers de la *Toison d'Or*, de *Saint-Maurice et Saint-Lazare*, de *Saint-Hubert*, de *Saint-Michel* soutinrent l'autel et le trône. La piété se réjouissait aussi en voyant le saint *suaire* porté à *Turin*, l'*Angelus* établi en France, la dévotion du *rosaire* répandue avec plus de zèle, la fête de la *Conception* de la Sainte Vierge célébrée partout. Et, tandis que *Faust* et *Guttemberg* inventent l'*imprimerie*, que la *poudre* rend la guerre plus meurtrière, que la *boussole* rend la navigation plus sûre, les écrivains catholiques Jean *Gerson*, saint *Vincent Ferrier*, *Clémengis*, saint *Bernardin*, saint *Laurent Justinien*, *Tostat*, le cardinal *Bessarion*, saint *Jean Capistran*, saint *Antonin*, *Thomas à Kempis*, *Denis le Chartreux*, le pape *Pie II*, *Savonarole*, *Ficin*, *Trithème*, rendent la religion plus respectable et plus attrayante pour les savants et pour le peuple.

Le siècle de *Léon X* et de *François I*er fut affligé d'abord par des scandales; mais c'était la fin de ceux qu'avaient produits l'ignorance et la barbarie, et de nombreux conciles avaient protesté et prescrit des remèdes. Alors un réformateur d'une autre espèce, *Luther*, s'éleva en Allemagne, et sous prétexte en effet de *réformer* l'Église, il déclame contre les principes et les règles qui peuvent le plus assurer la réforme des mœurs, savoir : les *vœux monastiques*, la *confession*, les *pratiques de pénitence*, etc. S'attaquant même à l'Eucharistie, il nie le changement du pain au corps de JÉSUS-CHRIST. Il met à profit les dissensions des souverains pour se faire un parti, et il attire à lui *Mélanchton*, *Zuingle*, *Bucer* et autres, qui bientôt se divisent entre eux. *Calvin*, en France, ajoute à ses erreurs, nie la *présence réelle*, rejette la plupart des *Sacrements*, détruit le *libre arbitre*. Les *protestants* allemands sont ainsi dépassés par les *réformés*, et l'erreur semble devoir triompher en Europe. Des persécutions s'élèvent de plus aux *Indes*, et surtout en *Angleterre*, où la fureur d'*Henri VIII* et d'*Élisabeth* verse des torrents de sang. Le *Concordat* entre Léon X et François Ier, publié dans le concile de *Latran* en 1513, avait aigri beaucoup d'esprits en France, en mettant les nominations dans les mains du monarque. Aussi les guerres de religion devinrent terribles, la politique s'y mêlant, comme toujours. L'Église, après les bulles des papes et les conciles particuliers, voulut remédier aux maux qu'ils poursuivaient, par l'examen, les discussions, l'autorité d'un concile œcuménique, et en 1649 tous les prélats du monde catholique furent réunis ou représentés à *Trente*. Le luthérianisme, le calvinisme et toutes les sectes qu'ils avaient produites furent démasqués et proscrits; et des règles positives pour une *réforme réelle* furent promulguées. Le concile ne se termina qu'en 1563, et ses décrets, un des plus beaux monuments de la sagesse et de la religion, furent imprimés et répandus de toutes parts pour consoler la foi et la piété, et confondre l'hérésie et la corruption. C'est surtout à partir de ce moment que le *triomphe de la religion* est complet. Les démons ont cherché à renverser *l'édifice de l'Église*. Les *sectaires* ont voulu y introduire l'erreur, et le *scandale* s'y était glissé. La main de Dieu a soutenu l'Église, et son *ange* en a chassé les hommes pervers. *L'excommunication* atteindra toujours les *pécheurs obstinés*. Le seizième siècle est donc une des plus intéressantes époques de l'histoire de l'Église. Le premier *séminaire* est fondé à Rome, en 1565, par le pape *Pie IV*. Le cardinal *Ximénès* l'inaugure par la publication des *Bibles polyglottes*, et saint *Ignace de Loyola* arrive pour donner l'appui de la *Compagnie de Jésus* aux théologiens qui interprètent la Bible et à l'autorité qui en défend la doctrine, ainsi qu'aux sciences et aux lettres, que les *Jésuites* enseignent avec succès. Les *Théatins*, les *Somasques*, les *Barnabites*, les *Feuillants*, les *Oratoriens*, les *Trinitaires*, et vingt autres congrégations, sans parler des communautés de femmes, s'établissent les rivaux et les appuis des ordres déjà existants. Mais il est impossible de ne pas parler de sainte *Thérèse*, qui, réformant les *Carmélites*, et même les

Carmes, a écrit comme un *Père de l'Église*, et est morte le jour même de la *réforme du calendrier*, le 4 octobre 1582, dont le lendemain fut le 15. Le pape *Grégoire XIII* rendit ce service à la science et à la civilisation, et le *Calendrier grégorien* a triomphé des répugnances anticatholiques excepté parmi les schismatiques grecs, qui, par opposition au Pape, conservent une supputation erronée. C'est au seizième siècle que le *collège Louis-le-Grand* doit son origine. Il fut fondé, en 1560, par *G. Duprat*, évêque de Clermont.

Avec le dix-septième siècle parurent des erreurs qui, sous l'apparence d'un respect plus profond pour la *grâce de Dieu*, tendaient à détruire la *liberté de l'homme*, et, par des conséquences nécessaires, à renverser la religion. *Bains*, docteur de Louvain, avait commencé à errer, puis s'était soumis à la sentence qui condamnait sa doctrine. *Jansénius*, évêque d'Ypres, énonça des maximes plus dangereuses encore, et, après sa mort, l'Église dut condamner notamment *cinq propositions*, dont les sectaires abusaient. La France a été longtemps agitée par ces discussions, qui maintenant semblent terminées. Les *Illuminés*, les *Sociniens*, les *Quiétistes*, essayèrent aussi d'introduire des principes, des doctrines suspectes. Mais les Papes et les Évêques en ont fait justice. Saint *Charles Borromée*, saint *François de Sales*, saint *Vincent de Paul*, *Bossuet*, *Fénelon*, *Bourdaloue* ne laissaient rien passer; leurs écrits et leurs institutions ont fait prévaloir la vérité. Les *Prêtres de la mission* ou *Lazaristes*, la Congrégation des *Missions étrangères*, les *Sœurs de la Charité*, les religieuses de la *Visitation*, les *Trappistes*, l'ordre de *saint Basile* en Pologne, les *Frères de Bethléem* au Mexique, pourvoient aux besoins religieux, moraux et intellectuels des populations. Les livres se multiplient à mesure que l'instruction se répand. Outre les écrivains déjà nommés, *Canisius*, *Vasquez*, Juste *Lipse*, *Possevin*, *Sanchez*, *Rodriguez*, *Suarez*, *Estius*, le cardinal *de Bérulle*, *Tirin*, Corneille *de la Pierre*, *Gavantus*, *Sirmond*, le cardinal *de Richelieu*, *Pétau*, *Menochius*, Luc *d'Achery*, *Arnauld d'Andilly*, *Lancelot*, *Maimbourg*, *Nicole*, *Cabassut*, *Le Maistre de Sacy*, *Pagi*, *Mabillon*, *Malebranche*, *Thomassin*, *de Tillemont*, *Fléchier*, forment, avec cent autres que nous omettons, une imposante cohorte contre l'ignorance et l'erreur. Si nous y joignons les immenses collections des *Bollandistes* et des *Bénédictins* de Saint-Maur, les traductions des *Pères* et des autres écrivains ecclésiastiques, les recherches et les découvertes relatives aux littératures étrangères, nous nous convaincrons que le *siècle de Louis XIV* n'a pas été moins grand sous ce rapport que sous tant d'autres points de vue.

Il était néanmoins impossible que les erreurs répandues depuis deux siècles ne produisissent point, pendant le dix-huitième, la *négation de toute religion révélée*. Aussi le *déisme*, qui n'admet que la raison pour connaître Dieu; le *panthéisme*, qui de tout ce qui existe compose un Dieu monstrueux; l'*athéisme*, qui ne reconnaît aucun Dieu; le *scepticisme*, qui n'admet aucune vérité certaine, sont-ils arrivés successivement depuis *Tolland* et *Collins* en Angleterre, jusqu'à *Helvetius* et *Voltaire* en France; depuis les *Illuminés* d'Allemagne jusqu'aux rêveries de *Swedenborg*; depuis le *Dieu-monde* de *Spinosa* jusqu'à la *Déesse raison* des révolutionnaires de 1793. Dieu a permis que, tandis qu'en Chine et au

Japon la barbarie immolait de nombreuses victimes, la civilisation irréligieuse élevât aussi des échafauds pour ceux qui restaient fidèles à leur conscience, afin que *les martyrs* et *les confesseurs de la foi* pussent encore signer de leur sang la vérité des dogmes chrétiens, et prouver la nécessité de la morale de JÉSUS-CHRIST pour conserver l'ordre et la liberté véritable.

Le 19ᵉ siècle a commencé sous d'heureux auspices. Rome recouvre ses Pontifes, qu'on avait espéré lui enlever pour toujours. L'Europe voit les temples se rouvrir et la piété former de nouvelles œuvres, de nouvelles communautés religieuses. L'*Amérique*, agitée par de nombreuses guerres, conserve néanmoins, dans sa partie méridionale, la religion catholique qu'y avaient fondée les premiers missionnaires, et multiplie constamment dans les États-Unis les siéges épiscopaux et les diocèses. La *prédication de l'Évangile* devient, chez les sauvages et au milieu des infidèles, plus active encore et plus fructueuse.

Par le fait, depuis les Apôtres jusqu'à nous, le nombre des chrétiens n'a jamais cessé d'augmenter de siècle en siècle, et il est facile de se convaincre que, maintenant plus que jamais, l'*Évangile est annoncé dans tout l'univers.*

En *Europe*, où le christianisme règne presque sans exception, il existe des *Évêques* et des *Missionnaires* catholiques dans les contrées mêmes où le culte catholique n'est pas toléré.

En *Asie*, des archevêques ou évêques siégent à *Smyrne*, au *Liban*, à *Babylone*, à *Agra*, à *Calcutta*, à *Bombay*, à *Vérapolly*, à *Pondichéry*, à *Madras*, dans l'empire *Annamite*, au *Tunquin*, en *Cochinchine*, en

Chine, en *Corée,* en *Mantchourie,* et un évêque va partir pour le *Japon,* tandis que des missionnaires parcourent la *Syrie,* l'*Asie-Mineure,* la *Perse,* l'*Indostan,* le *Thibet,* la *Tartarie,* dans toutes les directions.

En *Afrique,* des évêques gouvernent les *Deux Guinées,* le cap de *Bonne-Espérance, Tunis, Tripoli,* l'*Égypte,* sans compter les missionnaires qui occupent l'*Abyssinie,* le *Sennaar, Madagascar* et les autres îles, sans compter les établissements français du Sénégal, où des *prêtres nègres* évangélisent leurs concitoyens.

En *Amérique, Terre-Neuve,* la baie d'*Hudson,* la *Nouvelle-Écosse,* le haut et le bas *Canada,* plus de vingt villes des *États-Unis,* le *Texas,* les *Antilles anglaises, Haïti,* la *Jamaïque,* la *Guyane,* sans parler du *Mexique* et de tout le Midi, qui se suffisent, implorent pour leurs évêques et leurs missionnaires les secours de la *Propagation de la Foi,* parce les anciens fidèles sont pauvres et qu'on veut faire de nouvelles conquêtes.

En *Océanie,* les missionnaires ont abordé jusqu'à la *Terre de Van-Diemen,* jusqu'à la *nouvelle Calédonie,* et des évêques continuent l'apostolat de saint *François Xavier,* dans les *Philippines* et les autres îles, au point que *Batavia,* l'*Océanie centrale,* l'*Océanie orientale,* la *Mélanésie* et la *Micronésie,* l'*Australie,* forment autant de *vicariats apostoliques.*

Et, enfin, il n'est pas jusqu'à l'*Orégon,* cette contrée si difficile à aborder, si éloignée de Rome, si étrangère aux parties civilisées de l'Amérique elle-même, qui n'ait reçu dans ces derniers temps une organisation catholique. Sept diocèses y sont constitués, et dès ce moment, trois évêques y sont établis, dont un avec le titre d'*archevêque* et de *primat*.

Ainsi, la *grandeur de Dieu* se manifeste dans le monde moral comme dans le monde physique; dans la sanctification des hommes comme dans leur création; dans la sagesse qui *tient le cœur des rois entre ses mains puissantes*, ainsi que dans la puissance qui a tracé au soleil son cours, à la mer ses limites. Mais il est bon de considérer ces *ouvrages de Dieu* avec les secrets merveilleux que la science moderne, guidée par la révélation y a découverts.

La *terre* que nous habitons fait partie d'un vaste système dont le *soleil* est le centre et le flambeau, tandis qu'autour de lui tournent un assez grand nombre d'*astres* de volumes différents, placés à diverses distances. Ces astres secondaires, qu'on appelle *planètes*, sont attirés vers le soleil et s'attirent réciproquement en vertu d'une loi commune, nommée *attraction*, qui les réunirait bientôt en un seul tout, s'ils n'étaient entraînés par un mouvement constant et rapide, et maintenus ainsi dans l'ordre prescrit. Les planètes, en commençant par les plus voisines du soleil, sont *Mercure*, *Vénus*, la *Terre*, *Mars*, *Vesta*, *Junon*, *Cérès*, *Pallas*, *Jupiter*, *Saturne*, *Uranus*, et même une plus éloignée encore qu'un mathématicien français, *Le Verrier*, a découverte, en 1846, par le calcul. Pour avoir une idée de la grandeur de ces astres et de leurs *orbites*, il suffit de savoir que la *terre* a 9000 lieues de tour et que le *soleil* est quatorze cent mille fois plus gros que la terre; que celle-ci est à 32 millions de lieues du soleil, tandis qu'Uranus en est vingt fois plus éloigné. Les principales planètes ont autour d'elles des planètes du second ordre, qui sont leurs *satellites*. La *lune* est le satellite de la terre, dont elle est éloignée de 86 mille lieues.

La terre est ronde comme tous les autres astres, et forme un *globe*, une *sphère*, une *boule* qui tourne sur elle-même comme une roue autour de l'essieu. La ligne autour de laquelle elle fait ce mouvement de *rotation* s'appelle l'*axe*. En tournant autour du soleil, elle décrit, par ce mouvement de *révolution*, une courbe presque circulaire, qu'elle parcourt en 365 jours et environ 6 heures, tandis que son mouvement de *rotation* est terminé en 24 heures, et forme un *jour*. Sa révolution autour du soleil est la mesure de l'*année*, qui se compose ainsi de 365 jours, et on réunit les 6 heures, de sorte qu'au bout de quatre ans on compte 366 jours.

Mais l'*axe* de la terre n'étant pas perpendiculaire au cercle qu'elle décrit autour du soleil, et qui se nomme l'*écliptique*, il en résulte que le soleil éclaire plus ou moins, tantôt la partie supérieure, tantôt la partie inférieure. C'est là ce qui fait la différence des *saisons*; et les diverses limites où la lumière du soleil parvient dans ces diverses circonstances, sont indiquées par les cercles *tropiques* et les cercles *polaires*, que les astronomes tracent sur les cartes. En effet, les extrémités de l'axe se nomment *pôles*. Celui vers lequel l'Europe est placée est le pôle *nord* ou pôle *arctique*, ou le *septentrion*, et l'autre est le pôle *sud* ou pôle *antarctique*, ou le *midi*. Le cercle qui est supposé diviser le *globe terrestre* en deux parties égales à la même distance des deux pôles, s'appelle l'*équateur*. Le tropique, qui est au nord de l'équateur, est le tropique du *Cancer*; celui du sud, le tropique du *Capricorne*.

8.

Il importe de remarquer que la terre n'est pas dans un espace complétement vide; au contraire elle est enveloppée d'un fluide, nommé *atmosphère*, dont l'influence se fait sentir aux animaux et aux plantes qui occupent la surface du globe. Ce fluide, tout invisible et impalpable qu'il est ordinairement, est néanmoins soumis à la loi de l'*attraction* et il *pèse* sur la terre qui l'attire vers son centre. A plus forte raison les corps solides, ceux des hommes notamment, tendent toujours vers le centre de la terre, et c'est pourquoi deux hommes placés aux deux extrémités d'un diamètre terrestre ont *les pieds tournés l'un vers l'autre*; ce que désigne le mot *antipodes*.

De cet exposé il résulte plusieurs conséquences remarquables:

1° Ce n'est point le soleil qui tourne autour de la terre; c'est la terre qui tourne autour du soleil. En tournant sur elle-même, elle voit d'un côté la lumière du soleil, et de l'autre elle est dans les ténèbres. Voilà le *jour* et la *nuit*. Mais, comme le soleil semble se mouvoir, tandis que la terre nous paraît stable, il est d'usage de dire que le soleil se lève et se couche. Et ces expressions sont tellement admises qu'elles servent même aux savants.

2° C'est le même mouvement de *rotation* qui, chaque jour, nous fait apercevoir la *lune*, dont la lumière nous guide pendant la nuit, en nous réflétant celle du soleil, qui l'éclaire elle-même. Son mouvement *périodique* autour de la terre dure 27 jours environ, et elle se retrouve dans la même position par rapport au soleil au bout de 29 *jours et demi*. Cet espace de temps forme le *mois lunaire*, et présente une mesure naturelle et invariable. Les mois de notre année, qu'on appelle *mois solaires*, sont au contraire arbitrairement fixés. On a divisé en douze l'*année solaire*, pour se rapprocher autant que possible, de la période lunaire, qui servait chez les Juifs et chez d'autres peuples à former l'année, par l'assemblage de douze ou treize mois, assemblage également arbitraire. L'année solaire, depuis la réforme grégorienne, est certainement la mesure du temps la plus convenable.

3° L'*éclipse de lune*, qui nous dérobe pendant quelques heures la totalité ou une partie de la lumière lunaire, est produite par l'*ombre de la terre*, lorsque ce globe se trouve placé entre le soleil et la lune; ce qui arrive quelquefois à l'époque de la *pleine lune*.

4° L'*éclipse de soleil* résulte du passage de la lune entre cet astre et la terre. Quand l'*ombre de la lune* se prolonge jusqu'à notre globe, le soleil se trouve ainsi caché, en totalité ou en partie, aux régions terrestres que cette ombre parcourt. Rien donc n'est plus simple et plus naturel que ces deux *phénomènes*, et c'est une superstition de penser que, quand ils arrivent, ils présagent de grands malheurs.

Nous ne faisons qu'apercevoir, par ce peu de remarques, une très-petite partie du vaste ensemble dont la puissance divine a formé l'univers. En effet, outre que, dans le *système* que nous observons, il est une multitude de lois merveilleuses et de phénomènes curieux que nous omettons, il faut ajouter que les *étoiles* dont la distance échappe à nos observations, sont, suivant toute apparence, d'autres soleils autour desquels tournent d'autres planètes, et, comme le nombre des étoiles est incalculable, il s'ensuit que notre esprit ne peut atteindre les bornes de l'univers et que les *œuvres de Dieu* sont au-dessus de notre intelligence. Mais nous en voyons assez pour admirer, pour adorer :

> Les cieux instruisent la terre
> A révérer leur auteur ;
> Tout ce que leur globe enserre
> Célèbre un Dieu créateur.
> Quel plus sublime cantique
> Que ce concert magnifique
> De tous les célestes corps ?
> Quelle grandeur infinie,
> Quelle divine harmonie,
> Résulte de leurs accords !

Et non-seulement la création du monde doit exciter notre admiration ; mais sa conservation et les soins de la Providence, qui pourvoit à tous nos besoins, doivent toucher notre cœur et nous inspirer une vive reconnaissance. La promesse que Dieu fit à Noé après le déluge s'est réalisée dans tous les siècles : « Tant que « la terre subsistera, la semence et la moisson, le froid « et le chaud, l'été et l'hiver, la nuit et le jour se suc- « céderont sans interruption, sans repos. »

Mais la terre ne subsistera pas toujours ; il viendra un temps où le monde sera bouleversé, où *les éléments*, comme dit saint Pierre, *seront dévorés par le feu*. Alors « le Fils de l'homme viendra avec une grande puis- « sance et une grande majesté, et ses anges avec lui. Il « enverra ses anges avec une trompette, et ils rassem- « bleront ses élus des quatre coins du monde, d'une « extrémité du ciel jusqu'à l'autre. Alors, il s'assiéra « sur le trône de sa gloire, et toutes les nations seront « rassemblées devant lui, et il les séparera les unes des « autres, comme un berger sépare les brebis des boucs,

« et il mettra les brebis à sa droite et les boucs à sa gau-
« che. Alors le Roi dira à ceux qui seront à sa droite :
« Venez, les bénis de mon père, possédez le royaume pré-
« paré pour vous depuis le commencement du monde…
« Il dira à ceux qui seront à sa gauche : Eloignez-vous
« de moi, maudits, allez au feu éternel qui a été préparé
« pour le démon et pour ses anges… Et ceux-ci iront
« au supplice éternel, mais les justes à la vie éternelle.»

C'est ainsi que l'Évangile représente la *résurrection
générale* à la fin du monde et le *jugement dernier*. L'a-
pôtre saint Paul explique par rapport à la résurrection
que les élus, *qui seront morts dans* la grâce du *Christ,
ressusciteront les premiers*; puis, parlant en général, il
dit : *Nous ressusciterons tous, mais nous ne serons pas
tous changés*, et il nous fait ainsi entendre que les corps
des saints seront revêtus de gloire, tandis que ceux des
réprouvés seront dans un état de honte et de souffrance,
même avant d'être précipités dans l'enfer.

Voici maintenant (et nous terminons par ce magnifique tableau) ce que saint Jean, dans son Apocalypse,
nous apprend, sous des figures sensibles, de la gloire et de
la félicité du ciel, de ce lieu de délices où Dieu se communique à ses élus, et que les prophètes et les apôtres appellent le *paradis*.

« Un trône était placé dans le ciel, et sur le trône,
« *le Seigneur Dieu* assis. Et celui qui était assis
« avait un éclat semblable à l'éclat des pierres précieu-
« ses, et le trône était entouré d'un iris qui brillait
« comme une émeraude. Et autour du trône étaient
« vingt-quatre siéges, et sur les siéges vingt-quatre
« vieillards vêtus de blanc et portant des couronnes
« d'or, et du trône sortaient des foudres, des voix et

« des tonnerres, et des lampes ardentes, qui sont les
« sept esprits de Dieu. Et des voix se faisaient entendre,
« répétant sans cesse : Saint, Saint, Saint est le Seigneur
« Dieu tout-puissant, qui était et qui est et qui sera
« toujours. » « .... Et je vis et j'entendis la voix d'une
« multitude d'anges qui disaient à haute voix : Il est di-
« gne, l'agneau qui a été mis à mort, de recevoir la
« puissance, la divinité, la sagesse, la force, l'honneur,
« la gloire et la bénédiction..... Tous disaient : A celui
« qui est assis sur le trône et à l'agneau, bénédiction,
« honneur, gloire et puissance dans le siècle des siè-
« cles.... Et un grand prodige apparut dans le ciel :
« Une femme environnée du soleil, ayant la lune sous
« ses pieds et sur sa tête une couronne de douze étoi-
« les.... Et il s'éleva un grand combat dans le ciel : Mi-
« chel et ses anges attaquèrent le dragon, et le dragon
« résistait avec ses anges. Et ils furent vaincus, et il ne
« se trouva plus de place pour eux dans le ciel.... Et
« voici que l'agneau se tenait sur la montagne de Sion,
« et avec lui cent quarante-quatre mille, ayant son nom
« et le nom de son père écrit sur leur front... Et après
« cela j'ai entendu comme la voix de nombreuses mul-
« titudes dans le ciel qui disaient : Alleluia.... Et j'ai
« entendu une grande voix sortant du trône : Voici le
« tabernacle de Dieu avec les hommes, et il habitera
« avec eux. Et ils seront son peuple, et il sera leur
« Dieu. Et Dieu essuiera toute larme de leurs yeux, et il
« n'y aura plus ni mort, ni deuil, ni cri, ni douleur....
« Et il n'y aura plus de nuit, et ils n'auront plus besoin
« de la lumière du flambeau ni de la lumière du soleil,
« parce que le Seigneur Dieu les illuminera, et ils ré-
« gneront dans les siècles des siècles. »

SUPPLÉMENT

A L'ÉCHELLE CATHOLIQUE.

TABLEAU

DES FÊTES ET CÉRÉMONIES

DE L'ÉGLISE.

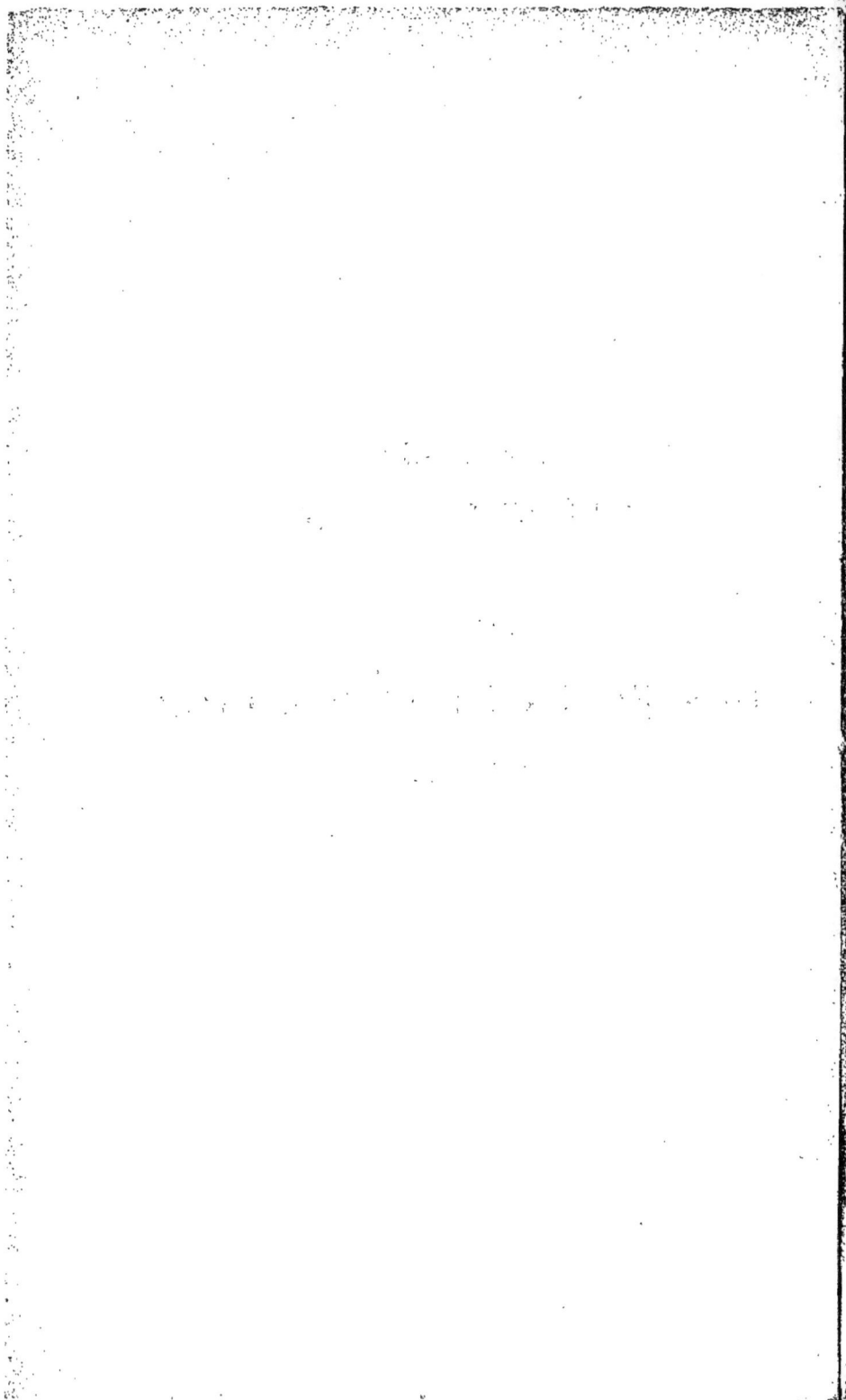

TABLEAU

FÊTES ET CÉRÉMONIES
DE L'ÉGLISE.

Les *fêtes* de l'Église chrétienne sont des solennités et réjouissances destinées à honorer Dieu et les Saints. Les *cérémonies* sont également des pratiques extérieures de piété; mais elles ne sont pas toujours accompagnées de joie et de félicitations. Ces diverses institutions ont pour but commun de rendre à Dieu, par un *culte public*, les devoirs que la *Religion* nous prescrit, savoir : 1° de l'*adorer;* 2° de le *remercier;* 3° de l'*invoquer;* 4° de l'*apaiser*, en nous rappelant notre dépendance, ses bienfaits, nos besoins, nos péchés.

Les fêtes proprement dites, eu égard au but qu'elles se proposent, sont de *deux sortes :* les unes se rapportent directement à Dieu; les autres, en remerciant Dieu des grâces qu'il a accordées aux Saints, leur adressent à eux-mêmes des félicitations et implorent leur intercession auprès de lui. Les premières, rappelant les perfections, les œuvres, les révélations de Dieu, qui souvent surpassent notre raison, quoiqu'ils ne la contredisent jamais, sont nommées *fêtes des Mystères ;* les secondes s'appellent *fêtes des Saints.* Notre tableau, en parcourant l'année, devra offrir *deux colonnes* portant ces deux titres.

En effet, les jours de l'année sont distribués d'après deux systèmes différents, l'un suivant la *série des se-*

9

maines, qui en contient environ 52; l'autre suivant la *série des mois,* qui en compte 12. Or, pour les fêtes des mystères, l'Église suit en général le premier ordre, et elle admet le second pour les fêtes des Saints.

Il est bon d'observer que cette diversité de systèmes, au lieu d'être un inconvénient, comme on le croirait d'abord, produit au contraire un notable avantage. Ce parallélisme de deux séries diversement coupées empêche la mémoire de se troubler ou de se perdre, et donne à la chronologie une facilité de plus pour *constater les dates.*

Les *principaux mystères* de la Religion se rapportant à la *vie de Notre-Seigneur,* l'Église a compris dans la distribution des fêtes qui s'y rapportent, tout le cours de l'année selon l'ordre des semaines, honorant 1° la *vie mortelle de Jésus-Christ;* 2° sa *Passion;* 3° sa *vie immortelle,* qui présentent ainsi les mystères *joyeux, douloureux* et *glorieux* à nos méditations et à nos hommages.

La naissance de Notre-Seigneur, la fête de Noël arrivant le 25 *décembre,* on a consacré les *quatre semaines* qui précèdent et qui représentent les *quatre mille* ans de l'âge du monde, à rappeler tout ce qui annonça l'avénement ou l'*Avent* du Messie. Et depuis le premier dimanche de l'Avent jusqu'à la fin du *temps de Noël,* les *mystères joyeux,* c'est-à-dire, 1° l'*Annonciation;* 2° la *Visitation;* 3° la *Naissance;* 4° la *Purification;* 5° le *Recouvrement au Temple* occupent, remplissent les offices de l'Église, l'esprit et le cœur des chrétiens.

Le *temps de la Septuagésime et du Carême,* où l'abstinence et le jeûne, la pénitence et la régularité sont spécialement recommandés, est aussi celui où les *mys-*

tères douloureux de la Passion de Jésus-Christ, qui sont :
1° l'*Agonie au jardin*; 2° la *Flagellation*; 3° le *Couronnement d'épines*; 4° le *Portement de la Croix*; 5° le *Crucifiement*, doivent attirer l'attention, la compassion et la reconnaissance des fidèles.

Le *temps de Pâques* et celui de la *Pentecôte* avec sa longue suite de dimanches, figurent l'éternité pendant laquelle la gloire de JÉSUS-CHRIST *ressuscité* brillera d'un éclat sans nuage. Aussi l'Église a placé dans cet espace heureux les fêtes destinées aux *mystères glorieux* : 1° *Pâques*; 2° l'*Ascension*; 3° la *Pentecôte*; 4° l'*Assomption*; 5° le *Couronnement de la Sainte Vierge*.

Reprenant maintenant les fêtes en général et rappelant la division de l'année par *mois* et par *semaines*, nous devons remarquer une *autre distinction* entre elles, celle des *fêtes fixes* et des *fêtes mobiles*.

Les *fêtes fixes* sont celles qui sont attachées à un *jour* déterminé *du mois*. Les *fêtes mobiles*, au contraire, peuvent arriver à des jours différents, quelquefois à différents mois.

Les fêtes mobiles dépendent toutes de la *fête de Pâques*, laquelle, pour conserver d'anciennes traditions, est réglée par le *cours de la lune* et non par celui du soleil, et se célèbre le *Dimanche qui suit la pleine lune d'après l'équinoxe du printemps*. Il résulte de là que *Pâques peut arriver depuis le 22 mars jusqu'au 25 avril*. Ainsi, depuis la *Septuagésime* jusqu'au *Saint-Sacrement*, il y a chaque année diversité dans les jours du mois où tombent les fêtes et cérémonies du *temps*.

Le nombre des *dimanches après l'Épiphanie* n'est donc point déterminé. Mais il n'est jamais supérieur à *six*, lors même que Pâques se trouve le **25 avril**. Quand il est moindre, le nombre des *dimanches après la Pentecôte* est supérieur à *vingt-quatre*.

Le nombre total des *dimanches de l'année*, est ordinairement de 52, comme celui des semaines. Cependant les années qui commencent par le dimanche ou même, quand elles sont *bissextiles*, par le samedi, ont 53 *dimanches*.

L'année 1848 a tous ces avantages réunis, de sorte que l'ordre des fêtes et cérémonies sera aussi régulier et aussi complet qu'il est indiqué dans les *livres d'office*.

Une *troisième division* des fêtes est plus importante encore à remarquer, celle qui distingue les *fêtes chômées* (1) des fêtes *non chômées*. Les premières en effet, sont d'*obligation* et doivent être sanctifiées comme le dimanche par la cessation des *œuvres serviles* et la pratique des *œuvres de religion*.

Le *nombre des fêtes chômées* n'est pas le même dans les diverses contrées. Chacun doit se conformer à ce sujet aux *règlements* et aux *usages*. Il en est de même pour les *jeûnes* et *abstinences*, et en général pour les autres *observances* prescrites. Les *supérieurs ecclésiastiques* doivent être consultés dans le doute et dans les difficultés. Par conséquent nous avons noté peu de *vigiles*, et, quant aux *Quatre-Temps*, voici la règle : pour le *printemps*, la 1re *sem.* du Carême ; pour l'*été*, la sem. de la *Pentecôte* ; pour l'*automne*, le mercredi qui suit l'*Exaltation* (14 sept.) ; pour l'*automne*, la 3e *sem.* de l'Avent.

Enfin on peut distinguer dans les fêtes les différents *degrés de solennité*, les différents *rits* qui leur sont assi-

---

(1) Le mot *chômées* vient, par abréviation, de *commandées* ; fêtes *qui sont de commandement*.

gnés par l'Église. Pour désigner ces diverses classes on emploie diverses expressions, que l'ancien bréviaire de Beauvais avait réunies, en établissant *six degrés* ou *rits* dans les fêtes, qui étaient *annuelles*, *solennelles*, *triples*, *doubles*, *semi-doubles* ou *simples*. Dans la plupart des diocèses, ces divisions admettent des sous-divisions, comme *double majeur*, *double mineur*, etc.

Ces notions suffisent pour les fêtes en général, notamment pour les *fêtes des Mystères*, dont le nombre est peu considérable et dont chacune a un but facile à déterminer. Mais quand il s'agit des *fêtes des Saints*, d'autres observations sont nécessaires.

D'abord le nombre en est immense, et il est impossible d'en avoir le catalogue complet. Ainsi, pour faire un tableau quelconque, il faut nécessairement choisir.

Voici les principales règles que nous avons suivies pour déterminer notre choix.

Les fêtes de la *Sainte Vierge* sont en général si intéressantes que nous en avons peu omis.

Les fêtes des *Apôtres* sont toutes dans notre tableau, du moins une pour chacun.

Les *Apôtres régionnaires*, c'est-à-dire les prédicateurs qui ont les premiers porté dans chaque région, dans chaque contrée, le flambeau de l'Évangile, sont cités en grand nombre dans notre catalogue.

Nous y avons compris tous les saints nommés dans le *canon de la messe*, *les patrons* des principaux diocèses, les *pères* et *docteurs* de l'Église les plus distingués, les *fondateurs* des ordres religieux les plus connus, etc.

Nous avons cherché à signaler, dans chaque *état* ou

condition, quelque saint personnage qui servît de modèle aux fidèles engagés dans la même carrière.

Nous avons même pensé à réunir les *noms* qui se donnent plus communément au *baptême*, afin que chacun puisse et connaître son patron et l'honorer le jour de sa fête.

Quant à la fixation du *jour de la fête*, c'est encore un travail assez épineux.

Et d'abord il faut remarquer que l'Église elle-même ne célèbre pas toujours les saints au *jour anniversaire* de leur *mort*, qui est, selon son expression, leur jour *natal*, puisqu'il *naissent* alors *à la vie éternelle*. Il y a même une grande diversité dans le choix des événements dont elle consacre l'anniversaire. C'est la *Conception*, la *Nativité*, la *Conversion*, l'*Ordination*, la *Délivrance*, le *Martyre*, la *Décollation*, l'*Assomption*, la *Translation*, etc. Nous avons admis quelquefois plusieurs de ces fêtes pour le même saint; mais la plupart du temps nous nous sommes borné à une seule, et alors nous avons dû *trancher la question*.

La principale autorité que nous avons consultée a été le *martyrologe romain*. C'était de droit. Nous avons observé dans le *Missel romain* les fêtes qui y sont admises, afin de les préférer dans l'occurrence.

Mais il existe un *catalogue des saints qui ne sont pas dans le martyrologe romain*, lequel a été dédié par le Servite *Ferrari* au Pape *Urbain VIII*, dans le temps même où celui-ci faisait revoir le martyr romain. Ce livre, fort rare, nous l'avons trouvé et mis à contribution.

L'art de vérifier les dates, la *Bibliothèque hist.* du P. *Lelong*, le *Gallia Christiana*, le *Kalendarium* de l'Église de *Constantinople*, le *Specimen* de l'Église cath. de *Rus-*

sie, la *Topographie des Saints*, les rituels de *Paris* et de *Belley*, un grand nombre de martyrologes, de missels et de bréviaires nous ont fourni des renseignements précieux, et nous sommes parvenu à former une collection de saints personnages aussi intéressante pour la *science* que pour la *piété*.

Nous avons même voulu que la *chronologie* reconnût dans notre catalogue les premiers éléments de ses calculs, et nous avons imprimé en *petites majuscules* les noms des principales fêtes qui servent à *fixer les dates*. Le petit ouvrage de M. Fréd. *Schœll* nous a dirigé dans ce choix.

Parmi les indications qui sont jointes au nom des saints, il faut remarquer le *nom des lieux*, afin d'éviter une erreur où tombent beaucoup de personnes qui voient, dans cette désignation, le lieu de la mort, tandis que souvent c'est le lieu où le saint est principalement honoré. Nous éviterons, autant que possible, de donner occasion à cette méprise.

L'usage a subsisté longtemps, et plusieurs livres le conservent, de désigner le jour d'une fête, non en partant du 1er du mois, comme nous faisons; mais en calculant la distance qui précède les *Calendes, les Nones* et les *Ides*, comme faisaient les anciens Romains... Ainsi S. *Matthias*, qui arrive le 24 février, est dit le *sixième* jour avant les calendes de mars. Or c'est ce jour qu'il a été convenu de *doubler* quand l'année doit avoir 366 jours, c'est-à-dire tous les quatre ans : alors il y a *bissexte* ou *deux fois sixième;* ce qui fait donner à l'année elle-même le titre de *bissextile*. Dans l'année bissextile S. Matthias se célèbre *le* 25, afin qu'il soit à la même distance des calendes.

Quand deux fêtes *concourent*, les 2es vêpres de la 1re se trouvant avec les 1res vêpres de la 2e, ou quand elles sont *occurrentes*, arrivant le même jour, il y a des règles pour la célébration de ces fêtes, qu'il n'est pas de notre plan d'exposer ici.

Nous aurions plusieurs autres remarques intéressantes à ajouter sur l'ordre et la célébration des fêtes ; mais nous avons exposé les principales, et, quand il en sera besoin, le tableau lui-même présentera des observations particulières.

ABRÉVIATIONS.

Ab............... Abbé ou Abbaye.
Ap............... Apôtre.
Arch............. Archevêque.
B................ Bienheureux.
Cén.............. Cénobite.
Ch............... Chanoine.
Conf............. Confesseur de la foi.
Disc............. Disciple.
Inst............. Instituteur ou Institutrice.
D................ Docteur.
Ev............... Evêque.
Fond............. Fondateur ou Fondatrice.
Gén.............. Supérieur général.
M................ Martyr ou Martyre.
O................ Ordre religieux.
P................ Pape.
Patr............. Patriarche.
Pr............... Prêtre.
Rel.............. Religieux.
Sol.............. Solitaire.
V................ Vierge.

FÊTES ET CÉRÉMONIES

DE L'ÉGLISE,

SELON

L'ORDRE DES SEMAINES ET L'ORDRE DES MOIS.

F. DES MYSTÈRES selon l'ordre DES SEMAINES.	FÊTES DES SAINTS selon l'ordre DES MOIS.
Temps de Noël.	**JANVIER.**
Samedi (1) (Calendes)	**1** LA CIRCONCISION DE N.-S., où il reçut le nom de JÉSUS. S. *Fulgence*, év. de Ruspe, Père de l'Eg. S. *Odilon*, Ab. de Cluny, Inst. de la Com. des morts. S. *Télémaque* (2), M. à Rome. S. *Aspais*, Pr., patron de Melun.
Dim. entre la Circ. et l'Epiph.	**2** S. *Spiridion*, Ev. et Cén. en Egypte. S. *Adélard*, Ab. de Corbie, petit-fils de Charles Martel.
Lundi.	**3** Ste *Geneviève*, V., patronne de Paris. S. *Théogène*, M. dans l'Hellespont. S. *Athanase*, greffier, M. en Cilicie.
Mardi.	**4** S. *Tite*, Disc. de S. Paul, Ev. de Crète. S. *Rigobert*, Arch. de Reims.
Mercredi (Nones).	**5** S. *Télesphore*, de l'O. des Carmes, P. et M. sous Antonin. S. *Siméon* le Stylite, qui vécut 37 ans sur une colonne. S. *Saïs* (3), M. en Orient.
Jeudi.	**6** L'EPIPHANIE DE N.-S., ou la *F. des Rois.* S. *Canut-Lavard*, roi des Obrotrites dans le Mecklembourg, M. S. *Melchior*, un des rois mages.
Vendredi.	**7** Le *Retour d'Egypte* de l'Enfant JÉSUS. S. *Nicétas*, Ev., Ap. des Daces. Ste *Palladie*, Martyre.

(1) L'année 1848 commence ainsi.
(2) Ou *Almachius.*
(3) D'où *Saïde* et *Zaïde.*

F. DES MYSTÈRES.	FÊTES DES SAINTS.
Temps de Noël.	**JANVIER.**
Samedi.	**8** S. *Lucien*, Ev., Ap. de Beauvais. S. *Erard*, Chorév. hon. à Ratisbonne. S. *Egmon*, 7ᵉ Ev. d'Autun. S. *Séverin*, Ab.; Ap. de la Bavière, etc.
1ᵉʳ Dim. apr. l'Epiph.	**9** S. *Julien* l'Hospitalier, M. à Antioche. Sᵗᵉ *Marcienne*, V. et M. en Mauritanie. S. *Pierre* de Sébaste, Ev., Fr. de S. Basile le Grand. S. *Vaning*, laïque, Fond. de l'Abbaye de Fécamp.
Lundi.	**10** S. *Paul*, premier ermite en Thébaïde. S. *Guillaume*, Arch. de Bourges, patron de l'Univ. de Paris. S. *Gonzalès* (1), Pr. de l'O. de S. Domin.
Mardi.	**11** S. *Théodose* le Cénobiarque, chef des Comm. de Palestine. S. *Palémon*, Ab. dans la Thébaïde. S. *Hortense*, Ev. hon. à Césarée en Pal.
Mercredi.	**12** S. *Arcade*, M. en Mauritanie. Sᵗᵉ *Césarie*, V., sœur de S. Césaire d'Arl.
Jeudi (Ides).	**13** LE BAPTÊME DE N.-S., et l'Octave de l'Epiphanie. S. *Glycère*, diacre. M. à Antioche.
Vendredi.	**14** Le saint *Nom de Jésus*. S. *Félix* de Nole, Pr. S. *Hilaire*, Arch. de Tours, Père de l'Eg. S. *Sabas*, 1ᵉʳ Arch. des Serv. en Mosc.
Samedi.	**15** S. *Macaire*, Ab., Disc. de S. Antoine. S. *Maur*, Disc. de S. Benoît, 1ᵉʳ Abbé Bénéd. en France. Sᵗᵉ *Secondine*, V. et M. sous l'emp. Dèce.
2ᵉ Dim. apr. l'Epiph. Fête du saint Nom de Jésus à Rome.	**16** Le *Sommeil de la Sᵗᵉ Vierge* (ou sa mort). selon les Maronites. S. *Marcel*, P., exilé pour la foi. S. *Titien*, Ev. près de Venise. Sᵗᵉ *Stéphanie*, Vierge.
Lundi.	**17** S. *ANTOINE*, Ab., Patr. des Cén. S. *Sulpice*, Arch. de Bourges, 2ᵉ du n. Sᵗᵉ *Roseline*, V., de l'O. des Chartreux. Sᵗᵉ *Léonille*, M., honorée à Langres.

(1) Ou *Gonzalve*.

F. DES MYSTÈRES.	FÊTES DES SAINTS.
Temps de Noël.	JANVIER.
Mardi.	**18** LA CHAIRE DE S. PIERRE A ROME (1).
	S. *Athénogène*, théologien, poëte, M. dans le Pont.
	Ste *Floride*, Martyre.
Mercredi.	**19** S. *Canut*, roi de Danemark, M.
	S. *Marius*, noble persan, M. à Rome.
	S. *Germanicus*, M. à Smyrne.
	Ste *Germaine* (2), M. en Afrique.
Jeudi.	**20** S. SÉBASTIEN, Cap. des gardes prét. M.
	S. *Fabien*, P. et M.
	S. *Euthyme* le Grand, Ab. en Palest.
	S. *Néophyte*, M. à Nicée en Bithynie.
	S. *Théophore*, Conf. en Palestine.
Vendredi.	**21** Ste *Agnès* (3), V. et M. à Rome.
	S. *Patrocle*, M. à Troyes en Champag.
	S. *Amase* (4), Ev. de Thiano.
	S. *Epiphane*, Ev. de Pavie, le Libérateur de l'Italie.
Samedi.	**22** S. *Vincent*, Diacre, M. à Valence en Esp.
	Ste *Théodelinde*, reine des Lombards.
3e Dim. apr. l'Epiph.	**23** Le *Mariage de la Ste Vierge*.
	S. *Raymond* de Pennaf., Gén. des Dom.
	S. *Alphonse* ou *Ildef.*, Arch. de Tolède.
	Ste *Emérentienne*, sœur de lait de Ste Agnès, V. et M.
Lundi.	**24** S. *Timothée*, Disc. de S. Paul, Ev. d'Ephèse, M.
	S. *Félicien*, Ev. de Foligno, M.
Mardi.	**25** La *Conversion de S. Paul*, Ap.
	S. *Ananie*, le 1er maître de S. Paul, M.
	S. *Ragnacaire*, Ev. de Bâle.
Mercredi.	**26** S. *Polycarpe*, Disc. de S. Jean l'Ev., Ev. de Smyrne, M.
	Ste *Paule*, veuve, dame rom., morte à Bethléem.
	S. *Xénophon*, marié à Constant., puis moine en Palestine.

(1) Cette fête est comme celle de la fondation de l'Église romaine et de la Papauté.
(2) Ou *Germanic*.
(3) En espagnol *Inès*.
(4) D'où *Amazide*.

F. DES MYSTÈRES.	FÊTES DES SAINTS.
Temps de Noël.	**JANVIER.**
Jeudi.	**27** S. *Jean Chrysostôme*, Patr. de Const., D. de l'Eglise.
	S. *Julien*, 1er Ev. du Mans.
	Ste *Angèle* Merici, Institutr. des Ursul.
	S. *Pallade*, Ev., Ap. d'Ecosse.
Vendredi.	**28** Le B. *Charlemagne*, emp. d'Occ., protecteur de l'Eglise.
	S. *Cyrille* d'Alexandrie, de l'O. des Carmes, Père de l'Eglise.
	S. *Hermine*, M. à Trevi.
	S. *Amédée*, Ev. de Lausanne.
	S. *Manfred*, ermite en France.
Samedi.	**29** S. *François de Sales*, Ev. de Genève.
	S. *Albéric*, Ab. de Citeaux.
4e Dim. après l'Epiph.	**30** Ste *Martine*, V. et M. à Rome.
	Ste *Aldegonde*, V., Fond. et 1re abbesse de Maubeuge.
	Ste *Bathilde*, reine de France, femme de Clovis II.
Lundi.	**31** S. *Pierre Nolasque*, Fond. de l'O. de la Merci.
	Ste *Hyacinthe* Marescotti, V. à Viterbe.
	La B. *Louise* Albertoni, du tiers ordre de S. François.
	Ste *Eudoxie*, V. et M. à Canope, près Alexandrie.
	Ste *Aspasie*, M. à Alex. avec ses 3 filles.
	FÉVRIER.
Mardi (Calendes).	**1** S. *Ignace*, Ev. d'Antioche, M. à Rome.
	S. *Ephrem*, diacre d'Edesse, D. de l'Eg.
	S. *Sigebert*, roi d'Austrasie.
	S. *Paul* (1), Ev. dans la Gaule vienn.
Mercredi.	**2** LA PURIFICATION DE LA Ste VIERGE (2).

(1) C'est de lui que la ville épiscopale de *Saint-Paul-Trois-Châteaux* tient son nom.

(2) Vulgaire. *La Chandeleur*, à cause des cierges ou *chandelles* qui se portent à la procession.

F. DES MYSTÈRES.	FÊTES DES SAINTS.
Semaines apr. l'Épiph.	FÉVRIER.
	S. *Corneille* le centurion, Ev. de Césa-rée en Palestine.
	S. *Lothaire*, comte, M. en Saxe.
Jeudi.	**3** S. *Anschaire*, Ev. de Brême, Ap. de Suède et de Danemark.
	S. *Célérin*, M. en Afrique.
Vendredi.	**4** S. *André Corsin*, carme, Ev. de Fiésole.
	S. *Philorôme*, Trib. des sold., M. en Egyp.
	Ste *Jeanne de Valois*, reine de France, Inst. des Annonciades.
Samedi (Nones).	**5** Ste *Agathe*, V. et M. à Catane en Sicile.
	S. *Alcime*, Arch. de Vienne en Dauph.
	Ste *Alix* (1), V., abbesse de l'O. de S. Benoît.
	S. *Philippe de Jésus*, patron du Mexiq.
5e Dim. après l'Epiph.	**6** Ste DOROTHÉE d'Alexandrie, V. et M.
	S. *Amand*, Ev. de Maëstricht, Ap. des Pays-Bas.
	S. *Waast* (2), Ev. d'Arras.
Lundi.	**7** S. *Théodore*, Gén. d'arm., M. à Héracl.
	S. *Moïse*, Ev., Ap. des Sarrasins.
	S. *Romuald*, Ab., Fond. des Camald.
	S. *Richard*, roi d'Angleterre.
Mardi.	**8** Le saint *Cœur de Marie*.
	S. *Jean de Matha*, Fond. de l'O. de la Ste Trinité.
	S. *Etienne*, Abbé, Fond. de l'O. de Grammont.
Mercredi.	**9** S. *Apollonie* (3), V. et M. à Alexandrie.
	S. *Ansbert*, Ab. de Fontenelle, puis Arch. de Rouen.
	S. *Nicéphore*, M. à Antioche.
	S. *Maron*, Inst. des Maronites.
Jeudi.	**10** Ste *Scolastique*, V., sœur de S. Benoît.
	Ste *Austreberte*, V., 1re Ab. de Pavilly.
	S. *Guillaume* le Grand, Inst. des Guill.
	Ste *Elisabeth*, mère de S. Jean B.
Vendredi.	**11** S. *Didier*, Arch. de Vienne et M.

(1) Ou *Adélaïde*.
(2) Ou *Gaston*.
(3) Ou *Apolline*.

F. DES MYSTÈRES.	FÊTES DES SAINTS.
Semaines apr. l'Épiph.	FÉVRIER.
	S. *Adolphe*, Ev. d'Osnabrük.
	Les 7 Saints Fond. de l'O. des Servites.
Samedi.	12 Ste *Eulalie* de Barcelone, V. et M.
	S. *Benoît d'Aniane*, Ab., réformateur.
	Ste *Hombeline*, V., sœur de S. Bernard.
	S. *Alexis* de Kiovie, Métrop. de Russie.
	Ste *Gérésine*, r. de Sic., hon. à Trèves.
6e Dim. après l'Epiph. (Ides.)	13 *Notre-Dame de la Paix* (1).
	S. *Polyeucte*, M. en Arménie.
	Ste *Erménilde* (2), reine des Merciens, Rel. de Farmoutier.
Lundi.	14 S. VALENTIN, Pr. et M. à Rome.
	S. *Cyrille*, Ap. des Slaves, invent. des lettres esclavonnes.
Mardi.	15 Ste *Georgia*, V., hon. à Clermont.
	S. *Faustin*, M., patron de Bresse.
Mercredi.	16 S. *Onésime*, Disc. de S. Paul, Ev. d'Eph.
	Ste *Julienne*, de Nicomédie, V. et M.
Jeudi.	17 S. *Théodule*, off. du préf. Firmilien, M.
	Ste *Marianne*, S^r. de l'Ap. S. Philippe, V.
	S. *Solon*, M. à Vicence en Italie.
Vendredi.	18 S. *Siméon*, Patr. de Jérus. M. à 120 ans.
	S. *Flavien*, Patr. de Constantinople.
	S. *Angilbert*, gendre de Charlemagne, puis Ab. de S. Riquier.
	Ste *Constance*, fille de l'Emp. Constantin, V. (3).
Samedi.	19 S. *Publius*, M. en Afrique.
	Le B. *Boniface*, recteur de l'Univ. de Paris, puis Ev. de Lausanne.
Dim. de la *Septuagésime*.	20 S. *Eleuthère*, Ev. de Tournai.
	S. *Pélée*, Ev. et M. en Phénicie.
	S. *Eucher*, Ev. d'Orléans.
Lundi.	21 Ste *Vitaline*, V., hon. en Auvergne et à Metz.
	S. *Sévérien*, Ev. de Scythopolis, M.
	Le B. *Pepin* de Landen, maire du palais des rois de France.

(1) Fête patronale de l'église de ce nom, fondée par *Anne d'Autriche*, au faubourg Saint-Victor de Paris.
(2) Ou *Ermelinde.*
(3) Elle a une église de son nom à Rome.

115

F. DES MYSTÈRES.	FÊTES DES SAINTS.
Semaines apr. l'Épiph.	FÉVRIER.
Mardi.	**22** *La Chaire de S. Pierre à Antioche* (1). S. *Papias*, Disc. de S. Jean l'Ev., Ev. d'Hieraple. Ste *Marguerite* de Cortone, du tiers ordre de S. François. La B. *Isabelle*, sœur de S. Louis, Fond. de Longchamp.
Mercredi.	**23** Ste *Milburge*, fille du R. des Merciens, V. S. *Pierre Damien*, cardinal. Ev. d'Ostie, D. de l'Eglise.
Jeudi.	**24** La *Vigile de S. Matthias*, Ap. (2). S. *Ethelbert*, roi des Canthiens, 1er roi chrétien d'Angleterre.
Vendredi.	**25** S. MATTHIAS, Ap. Le B. *Robert* d'Arbrissel, Fond. de l'O. de Fontevrault. La 1re Inv. du *Chef de S. Jean B.* à Jérus.
Samedi.	**26** S. *Taraise*, Patr. de Constantinople. S. *Dioscore*, M. en Egypte. Ste *Valburge*, V. et abbesse en Bavière.
Dim. de la *Sexagés.*	**27** S. *Nestor*, Ev. et M. en Pamphilie, mort en croix. S. *Porphyre*, Ev. de Gaza en Palestine. S. *Conon*, jardinier, M. en Pamphilie. Ste *Mechtilde*, V., relig. de Spanheim.
Lundi.	**28** S. *Léandre*, Arch. de Séville, Ap. des Visigoths. Ste *Honorine*, V. et M. à Graville en Normandie. S. *Bénigne*, Ap. de Bourgogne, M. S. *Galmier*, Serr., puis S.-Diac. à Lyon. S. *Antigone*, M. en Afrique.
Mardi. Fête de la Passion de N.-S.	**29** Ste *Aveline*, V. de Sens. S. *Oswald*, Rel. de S.-Benoît-sur-Loire, puis Arch. d'York (3). La Translation de S. *Augustin* de Sardaigne à Pavie.

(1) Les chronologistes nomment ce jour *Dies Petri*.
(2) Cette vigile est, dans les années ordinaires, le 23, et les fêtes suivantes, jusqu'au 29, sont de même célébrées un jour plus tôt.
(3) S. Oswald étant mort le dernier jour de février, en 992, année *bissextile*, sa fête est de droit le 29.

F. DES MYSTÈRES.	FÊTES DES SAINTS.
Temps de la Septuagés.	**MARS.**
Mercredi. (Calendes)	**1** S. *Eudoxie*, M. à Héliopolis, sous Traj. Ste *Antonine* de Nicée, M. sous Diocl. S. *Herculan* (1), Ev. de Pérouse, M.
Jeudi.	**2** S. *Héraclius*, M. à Porto, près de Rome. S. *Théophane* le chambellan, M. sous Léon l'Arménien.
Vendredi.	**3** Ste *Cunégonde*, Ep. de l'Em. S. Henri, V. Ste *Camille*, V. à Auxerre. Ste *Arthélaïs*, V., petite-fille de Narsès. S. *Carissime*, M. en Afrique.
Samedi.	**4** S. *Casimir*, prince Polonais, élu roi de Hongrie. S. *Adrien* (2), M. à Nicomédie. S. *Agathodore*, Év. et M. en Chersonèse. S. *Uranius* (3), M.
Dim. de la *Quinqua-gésime* (4).	**5** S. *Théophile*, Év. de Césarée en Pales-tine. S. *Virgile*, Arch. d'Arles. S. *Drausin*, Év. de Soissons.
Lundi.	**6** Ste *Colette*, V., Réformatrice des Cla-risses. S. *Marcien*, Ev. et M. à Tortone. S. *Chrodegang*, référendaire sous Ch. Martel, Ev. de Metz.
Mardi. (Nones)	**7** S. *Thomas* d'Aquin, de l'O. de S. Dom., D. de l'Egl. Ste *Perpétue* et Ste *Félicité*, M. à Carth. S. *Jérôme Emilien*, Fond. des Frères Somasques.
Mercredi des Cendres.	**8** S. *Jean de Dieu*, Inst. des Frères de la Charité. S. *Théophylacte*, Ev. de Nicomédie.
Jeudi après les Cen-dres.	**9** Ste *Françoise*, dame romaine, Fond. de la maison de Ref. à Rome. S. *Grégoire*, Ev. de Nysse, frère de S. Basile le Grand. S. *Candide*, un des 40 M. de Sébaste.

(1) D'où *Hercule*.
(2) A Rome, dans l'église de S.-Adrien, au *Forum*. La fête se célèbre le 8 sept., l'emportant sur celle de la Nativité.
(3) D'où *Uranie*.
(4) Ce jour et les deux suivants, les *Prières de quarante heures*.

F. DES MYSTÈRES.	FÊTES DES SAINTS.
Temps du Carême.	MARS.
Vendredi. Fête de la Ste Couronne d'ép. de N.-S. (1).	**10** S. *Attale*, abbé de Bobio. S. *Chrysanthe*, M. à Rome. S. *Macaire*, Patr. de Jérusalem.
Samedi.	**11** S. *Sophrone*, Patr. de Jérusalem. S. *Thalus* (2), M. à Laodicée.
1er Dim. de Carême ou la *Quadragésime*.	**12** S. GRÉGOIRE le Grand, P. et D. de l'Eg. S. *Paul* (3), 1er Ev. de Léon en Bret. Ste *Fina*, V. en Toscane. S. *Tanneguy*, abbé en Bretagne.
Lundi.	**13** Ste *Euphrasie*, V. de l'O. des Carmes, dans la Thébaïde. S. *Salomon*, M. à Cordoue. S. *Gracieux*, M. en France dans le Mon. de S. Antoine. S. *Rodrigue*, P. et M. à Cordoue.
Mardi.	**14** Ste *Mathilde*, reine, mère de l'Emp. Othon Ier, aïeule de H. Capet. Ste *Frontine*, M. à Nicomédie. S. *Ramire*, M. à Léon, en Espagne.
Mercredi. Quatre-T. (Ides.)	**15** S. *Aristobule*, Disc. des Apôtres. M. S. *Longin*, soldat qui perça le côté de N. S., M. S. *Nicandre*, M. en Egypte.
Jeudi.	**16** S. *Héribert*, comte de Rottembourg, Arch. de Cologne. Ste *Eusébie*, V., Ab. dans le Hanôvre. S. *Grégoire*, Ev. en Arménie, puis Ermite près d'Orléans.
Vendredi. Fête de la Lance et des Clous. Quatre-Temps.	**17** Ste GERTRUDE, V., Ab. de Nivelle en Bra. S. *Patrice*, Ev., Ap. d'Irlande. S. *Joseph* d'Arimathie, noble décurion. Disc. de N.-S. La Translation de S. *Antoine* en Dauph.
Samedi. Quatre-Tem. L'Ordination.	**18** S. *Alexandre*, Patr. de Jérusalem, M. S. *Narcisse*, Ev. d'Ausbourg, Ap. des Grisons. S. *Cyrille*, Pat. de Jérus. P. de l'Eg. L'apparition de la Ste *Vierge* à Savone.

(1) A Paris, etc., fête des cinq Plaies.
(2) D'où *Thalic.*
(3) *S. Pol de Léon.*

10.

F. DES MYSTÈRES.	FÊTES DES SAINTS.
Temps du Carême.	MARS.
2ᵉ Dim. de Carême. *Reminiscere* (1).	**19** S. Joseph, époux de la Sᵗᵉ Vierge. Sᵗᵉ *Sibylline*, V. de l'O. des Dom. à Pav. S. *Landoald*, Miss. dans les Pays-Bas.
Lundi.	**20** S. *Joachim*, père de la Sᵗᵉ Vierge. S. *Vulfran*, Arch. de Sens, puis Rel. de Fontenelle. Sᵗᵉ *Photine*, la Samaritaine.
Mardi.	**21** S. Benoît, Ab., Patr. des moines d'Oc. S. *Sérapion*, Anach., Ev. de Thmuis en Egypte. S. *Robert*, Inst. de l'O. de Citeaux. Sᵗᵉ *Clémence*, comtesse de Spanheim.
Mercredi.	**22** S. *Epaphrodite*, Disc. des Apôtres, Ev. de Terracine. S. *Paul*, Disc. des Ap., Ev. de Narbonne. S. *Octavien*, Archid. de Carthage, M.
Jeudi.	**23** S. *Fidèle*, M. en Afrique. S. *Théodoric*, 1ᵉʳ Ev. de Sion dans le Valais.
Vendredi. Fête du S. Suaire.	**24** S. *Romulus*, sous-diacre et M. à Césarée en Palestine. S. *Lanfranc*, Arch. de Cantorbéry.
Samedi.	**25** L'Annonciation de la très-sainte Vierge Marie et l'*Incarnat. de J.-C.* S. *Pélage*, Ev. de Laodicée. Le bon larron qui mourut près de J.-C.
3ᵉ Dim. de Carême. *Oculi.*	**26** S. *Gabriel*, Archange, qui annonça l'*Incarnation.* S. *Emmanuel*, M. en Orient. Sᵗᵉ *Animaïde* (2), M. sur les bords du Danube. S. *Ludger*, 1ᵉʳ Ev. de Munster, Ap. des Saxons.
Lundi.	**27** Sᵗᵉ *Lydie*, femme du Sén. S. Philetus, M. en Illyrie. Sᵗᵉ *Augusta*, V. et M., à Cénéda près de Trente. S. *Narsès*, M. en Perse.

(1) C'est le premier mot de l'introït de la messe. Autrefois on désignait ainsi la plupart des dimanches de l'année.
(2) D'où *Aménaïde.*

F. DES MARTYRS.	FÊTES DES SAINTS.
Temps du Carême.	MARS.
	S. *Rupert*, 1ᵉʳ Ev. de Saltzbourg, Ap. de la Styrie, etc.
Mardi.	**28** S. *Gontran*, roi des Franç. en Bourg. S. *Etienne* (1) de Citeaux, Fond. de Pontigny, Clairvaux, etc.
Mercredi.	**29** S. *Armogaste*, comte, M. en Afrique sous Genseric. S. *Eustase*, 2ᵐᵉ abbé de Luxeu. S. *Ludolf*, de l'O. de Prémontré, Ev. de Vismar.
Jeudi.	**30** S. *Régulus* (2), Ap. et 1ᵉʳ Ev. de Senlis. S. *Quirinus*, tribun dans l'armée d'A-drien, M. S. *Jean Climaque*, abbé au mont Sinaï.
Vendredi. Fête des cinq Plaies.	**31** Sᵗᵉ *Cornélie*, M. en Afrique. Sᵗᵉ *Balbine*, V. romaine, fille du Mart. S. Quirinus. S. *Benjamin*, diacre, M. en Perse.

AVRIL.

Samedi. (Calendes.)	**1** La Sanctification de S. *Jean-Baptiste*. S. *Hugues*, Ev. de Grenoble. Sᵗᵉ *Théodose*, Sʳ de S. Hermès, M. à Rome. Sᵗᵉ *Adèle*, fille de Dagobert Iᵉʳ, V., Ab. du Petit-Palais.
4ᵉ Dim. de Carême. *Lætare*.	**2** S. *François* de Paule, Inst. de l'O. des Minimes. S. *Nizier*, Ev. de Lyon. Sᵗᵉ *Théodosie*, V. et M. de Tyr. Sᵗᵉ *Marie Egyptienne*, pénitente.
Lundi.	**3** Sᵗᵉ *Irène*, M. à Thessalonique. S. *Ulpien*, M. en Phénicie.
Mardi.	**4** S. AMBROISE, Arch. de Milan, D. de l'Eg. S. *Isidore*, Arch. de Séville, D. de l'Eg. S. *Platon* le Studite, Ab. à Constantin. S. *Zosime*, Anach. en Palestine.

(1) *Harding*. Il fut ensuite Évêque d'Auxerre.
(2) Ou *Rieul*.

F. DES MYSTÈRES.	FÊTES DES SAINTS.
Temps du Carême.	AVRIL.
Mercredi. (Nones.)	**5** S. *Vincent Ferrier*, Dominicain, un des Patrons de Naples. La B. *Julienne* de Liége, V. de l'O. de Cîteaux. Le B. *Herman*, Joseph, Prémontré. S. *Sixte* (1), Pape, 1er de ce nom, M.
Jeudi.	**6** S. *Célestin*, Pape, 1er de ce nom. Ste *Célestine*, V. et M. à Cologne. S. *Marcellin*, Trib. et Secr. d'État sous Honorius, M.
Vendredi. F. du précieux Sang.	**7** S. *Hégésippe*, Disc. des Ap., Écriv. eccl. S. *Calliope*, M. en Cilicie. La B. *Orseline*, V. à Vérone.
Samedi. L'Ordinat.	**8** S. *Denis* de Corinthe, Ev., Sav. écriv. S. *Amance*, Ev. de Côme. S. *Albert*, Patr. de Jérusalem, auteur de la règle des Carmes. Ste *Nicie*, V. et M. en Afrique. S. *Hélimène*, M. en Perse.
Dim. de la *Passion*.	**9** Ste *Marie*, femme de Cléophas, sœur de la Ste Vierge (2). S. *Vautier*, Chan. rég. de S. Augustin, à Limoges. S. *Hugues*, Arch. de Rouen.
Lundi.	**10** S. *Ezéchiel*, Prophète. S. *Térence*, M. en Afrique. S. *Eschile*, Arch. d'Upsal en Suède. Le Vén. *Fulbert*, Ev. de Chartres.
Mardi.	**11** S. *Léon* le Grand, P. et D. de l'Eg. Ste *Godeberte*, V., Patronne de Noyon.
Mercredi.	**12** S. *Jules*, Pape, 1er du nom. Ste *Félicie*, M. sous Néron. S. *Zénon*, Ev. de Vérone, et M.
Jeudi. (Ides.)	**13** S. *Justin* le philosophe, Apol. de la religion chrétienne. Ste *Ida*, comtesse de Boulogne, mère de Godefroi de Bouillon. S. *Gilbert*, Ev. de Meaux. S. *Mars*, Ab. en Auvergne.

(1) Ou *Xyste*.
(2) Autrefois, à Paris, le 25 mai.

F. DES MYSTÈRES.	FÊTES DES SAINTS.
Temps du Carême.	**AVRIL.**
Vendredi. Fête de la Compassion de la Ste Vierge.	**14** S. *Tiburce*, beau-père de Ste Cécile, M. à Rome. Ste *Thomaïde*. M. à Alexandrie. La B. *Liduvine*, V. en Hollande.
Samedi.	**15** S. *Pierre Gonzalès*, patron des marins d'Espagne. Ste *Octavie*, M. à Antioche.
Dim. des *Rameaux*.	**16** S. *Paterne* (1), Ev. d'Avranches. S. *Toribio* (2), Ev. d'Astorga en Galice.
Lundi saint.	**17** S. *Anicet*, P. et M. S. *Hermogène*, M. à Antioche. S. *Rodolphe*, enfant martyrisé par les Juifs. Les Stigmat. de Ste *Catherine* de Sienne.
Mardi saint.	**18** S. *Apollone*, sénateur romain, M. S. *Parfait*, Pr. et M. à Cordoue. La B. *Marie* de l'Incarnation, Carmél.
Mercredi saint.	**19** S. *Léon*, Pape, 9me du nom, d'abord Ev. de Tulle. S. *Elphége*, Arch. de Cantorbery, M. S. *Socrate*, M. en Pamphilie. S. *Galatas* (3) M. à Melitine.
Jeudi saint (4).	**20** S. *Théotime*, Ev. en Scythie. S. *Marcellin*, 1er Arch. d'Embrun. Ste *Hélienne*, couturière, V. et solitaire en Lucanie.
Vendredi saint (5).	**21** S. *Anselme*, Arch. de Cantorbéry, D. de l'Eglise. Ste *Opportune*, V. et Ab. à Séez.
Samedi saint (6).	**22** S. *Léonide*, père d'Origène, M. à Alex. S. *Apelle*, un des premiers Disc. de J.-C. S. *Néarque*. M. en Orient. S. *Caius*, P. et M. à Rome. L'invention des corps des SS. *Denis, Rustique* et *Eleuthère*.

(1) Ou *S. Paer.*
(2) Le même jour *S. Turibe*, Év. du Mans ; tous deux en latin *Turibius.*
(3) D'où *Galatée.*
(4) Ou *jeudi absolu*, à cause de l'*Absoute* qui se fait à l'office.
(5) Autrefois le *Vendredi adoré* (aouré), à cause de l'adoration du crucifix (crucifié).
(6) Ou le *Samedi des lumières*, à cause du *feu nouveau.*

F. DES MYSTÈRES.	FÊTES DES SAINTS.
Temps de Pâques.	AVRIL.
Dim. de PAQUES ou de la *Résurrection.*	**23** S. GEORGE, grand officier de l'armée romaine, appelé le *Grand Martyr.* S. *Adalbert*, Ev. de Prague, Ap. de la Pologne et de la Hongrie. S. *Achillée*, Diacre, M. à Val. en Dauph.
Lundi.	**24** S. *Fidèle* de Sigmaringen, de l'O. des Capucins, M. Le Vén. *Gaston* de Renty, à Paris. La délivrance des *Trois Enfants* de la fournaise, à Babylone.
Mardi.	**25** S. MARC, Evang., 1er Patr. d'Alexand. S. *Clarence*, Arch. de Vienne en Dauph. S. *Floribert*, fils de S. Hubert, Ev. de Liége. La Procession et les Litanies, instituées par S. *Grégoire le Grand.*
Mercredi.	**26** N.-D. *de Bon-Secours*, chez les Servites. N.-D. *de Bon-Conseil*, à Vallombr, etc. S. *Clet*, P. et M. Ste *Espérance*, V. en Champagne. Ste *Blanche*, V. à Longchamp. La Dédicace de la Ste *Chapelle*, à Paris.
Jeudi.	**27** S. *Anthime*, Ev. et M. à Nicomédie. Ste *Zita*, servante, Patr. de Lucques.
Vendredi.	**28** Ste *Théodore*, V. et M. à Alexandrie. S. *Pollion*, M. en Pannonie. S. *Prudence*, Ev. de Tarrag. en Espag. S. *Didyme*, M. à Alexandrie. Ste *Malina* (†), M. à Tarse.
Samedi.	**29** S. *Robert*, Fond. et 1er Ab. de Citeaux. Ste *Angeline*, V. et M. à Valence en Esp.
Dim. de *Quasimodo* ou *in Albis.*	**30** Ste *Catherine* de Sienne, V. de l'O. de S. Dom. S. *Eutrope* (2), Ap. et 1er Ev. de Saintes. Ste *Hildegarde*, reine de France, épouse de Charlemagne. S. *Archambaud* (3), Ev. de Londres.

(1) D'où *Malvina.*
(2) Ses reliques, qu'on croyait détruites, ont été retrouvées le 19 mai 1843.
(3) Ou *Erconvald.*

F. DES MYSTÈRES.	FÊTES DES SAINTS.
Temps de Pâques.	**MAI.**
Lundi. (Calendes.)	**1** La fête de l'*Evangélisme* ou de la Prédication de J.-C. (1).
	La réunion de *tous les Apôtres* (2).
	S. PHILIPPE ET S. JACQUES, Apôtres.
	S. *Jérémie*, Prophète.
	S. *Brieuc*, Ev. dans l'Armorique (Bret.)
	S. *Sigismond*, roi de Bourgogne, M.
	Ste *Florine*, V. et M. en Auvergne.
Mardi.	**2** S. *Athanase*, Patr. d'Alexandrie, D. de l'Eglise.
	S. *Napoléon* (3), M. à Naples.
	Ste *Flaminie*, V. et M. en Auvergne.
	S. *Pyrame*, Conf. en Irlande.
Mercredi.	**3** L'INVENTION DE LA SAINTE CROIX.
	S. *Théodule*, Pr. et M. à Rome.
	S. *Sardos* (4), Ev. de Limoges, patron de Sarlat.
	Ste *Violette*, V. et M. à Vérone.
	S. *Laodice*, geôlier à Trajanople.
	Ste *Sévérine*, femme de l'Emp. Aurél.
Jeudi.	**4** Ste *Monique*, mère de S. Augustin.
	Ste *Antonie*, M. à Nicomédie.
	La fête du *saint Suaire* à Turin.
Vendredi. Fête de la Couronne de J.-C.	**5** La Conversion de S. *Augustin*.
	S. *Ange*, Pr. de l'O. des Carmes, M. en Sicile.
	S. *Pie*, pape, 5e du nom.
Samedi.	**6** S. *Jean devant la porte Latine* (5).
	S. *Jean* Damascène, D. de l'Egl.
	S. *Héliodore*, M. en Afrique.
	S. *Edbert*, Ev. de Lindisfarne en Angl.
	Ste *Judith*, M. à Milan.
2e Dim. apr. Pâques. Le *Bon Pasteur*. (Nones.)	**7** L'Apparition de la *Croix* à Constantin.
	S. *Stanislas*, Ev. de Cracovie et M.
	Ste *Euphrosine*, V. et M., Comp. de Ste Flavie.

(1) On la célèbre encore dans certains lieux le 5e dim. après Pâques.
(2) Elle était le 30 juin chez les Grecs, où la *division des Apôtres* est le 15 juillet.
(3) Ou *Néopole*.
(4) *Sacerdos*.
(5) S. Jean, l'Év., y fut jeté dans une chaudière d'huile bouillante.

F. DES MYSTÈRES.	FÊTES DES SAINTS.
Temps de Pâques.	MAI.
	La B. *Giselle*, femme de S. Etienne, roi de Hongrie.
	Ste *Ezéléide*, V. en Angleterre.
Lundi.	**8** L'Apparition de S. *Michel* au mont Gargan.
	S. *Achate*, centurion, M. à Constantin.
	S. *Désiré*, Arch. de Bourges.
	Ste *Aglaé*, dame romaine (1).
Mardi.	**9** S. *Grégoire* de Nazianze, Patr. de Constantinople, D. de l'Egl.
	S. *Hermas* (2), D. des Apôtres.
	La Translation de S. *Nicolas* à Bari.
Mercredi.	**10** S. *Antonin*, de l'O. de S. Dom., Arch. de Florence.
	S. *Isidore*, Labour., Patr. de Madrid (3).
	Ste *Solange*, V. et M. près de Bourges, patronne du Berry.
	S. *Aurélien*, Ev. de Limoges.
	Ste *Nina*, M. à Tarse.
	Ste *Saturnie*, M. à Tarse.
Jeudi.	**11** S. *Mamert*, Arch. de Vienne, Inst. des Rogations.
	S. *Anthime*, Pr., savant Prédicateur, M. à Rome.
	S. *Dioclès*, Disc. de S. Anthime, M. à Osimo.
	S. *Fabius*, M. à Rome.
	Ste *Licérie*, V. et M. à Sens.
	S. *Méthode*, Ev. de Moravie.
	S. *Atticus*, M. en Asie.
Vendredi.	**12** Ste *Flavie Domitille*, nièce du consul Fl. Clément, V. et M. à Terracine.
	S. *Germain*, Patr. de Constantinople.
	S. *Nérée* (4) et S. *Achillée*, Servit. de Ste Flavie, MM.
	S. *Epiphane*, Ev. de Salamine en Chypre, P. de l'Eglise.

(1) Son corps repose à Rome dans l'église de S.-Alexis.
(2) D'où *Hermance*.
(3) En Espagne la fête se célèbre le 15.
(4) D'où *Néréis*.

F. DES MYSTÈRES.	FÊTES DES SAINTS.
Temps de Pâques.	**MAI.**
Samedi.	**13** *Notre-Dame des Martyrs* (1). Ste *Glycère*, M. à Héraclée. S. *Natalis* (2), Arch. de Milan.
3ᵉ Dim. apr. Pâques. Fête du *Patronage* *de S. Joseph.*	**14** Ste *Couronne* (3), M. en Syrie sous Ant. S. *Pacôme*, Ab., Aut. d'une règle mon. S. *Pascal*, Pape. S. *Médiane* (4), M. en Afrique.
Lundi. (Ides.)	**15** Ste *Denyse*, M. à Lampsaque. S. *Euphrase* (5), Ev., un des Ap. de l'Espagne, M. S. *Auger* (6), Arch. de Brême et de Hambourg. S. *Achille*, Ev. de Larisse, membre du Conc. de Nicée. S. *César*, Disc. de S. Paul, 1ᵉʳ Ev. de Dyrrachium.
Mardi.	**16** S. *Jean* Népom., Pr. et M. à Prague. Ste *Maxime*, V. à Fréjus. S. *Péregrin*, 1ᵉʳ Ev. d'Auxerre, M. S. *Victorien*, M. en Isaurie. S. *Simon Stock*, Gén. des Carmes, Inst. du Scapulaire. S. *Alnobert*, Ev. de Séez.
Mercredi.	**17** S. *Torpès*, officier de Néron, M. S. *Andronic* (7) et Ste *Junie*, parents de S. Paul. Ste *Célérine*, reine en Espagne.
Jeudi.	**18** Ste *Alexandra*, V. et M. à Ancyre en Galatie. S. *Eric*, roi de Suède, M. Ste *Roxane*, Inst. des Relig. de Vallomb. Ste *Elgive* (8), reine d'Angleterre.
Vendredi.	**19** S. *Calocer* et S. *Parthenius*, Offic. de l'Emp. Dèce, MM.

(1) Dédicace du *Panthéon* à la Ste Vierge et à tous les Martyrs.
(2) Ou *Noël.*
(3) En latin *Corona*, d'où *Corinne.*
(4) D'où *Médine.*
(5) Patron de la ville de Jahen et du diocèse d'Ajaccio.
(6) *Aldegarius.*
(7) Ap. de la Pannonie.
(8) Ou *Algive.*

11

F. DES MYSTÈRES.	FÊTES DES SAINTS.
Temps de Pâques.	MAI.
	S. *Yves*, Pr. et avocat en Bretagne.
	S. *Dunstan*, Arch. de Cantorbéry.
	Ste *Pudentienne*, Disc. de S. Pierre, V.
	Le B. *Alcuin*, Inst. de Charlemagne.
Samedi.	**20** S. *Bernardin* de Sienne, de l'O. des Fr. Min.
	S. *Ausone*, Ap. et 1er Ev. d'Angoulême.
	S. *Maximin*, Ev. de Trèves.
4° Dim. apr. Pâques.	**21** Ste *Estelle*, V. et M. à Saintes.
	Le B. *Constantin* le Gr., 1er Emp. chrét.
Lundi.	**22** Ste *Julie*, V. et M. en Corse.
	S. *Emile*, M. en Afrique.
	S. *Foulques*, Conf. à Aquin.
Mardi.	**23** S. *Euphèbe*, Ev. de Naples.
	Ste *Alméride*, M. en Afrique.
	Ste *Emélie*, M. en Afrique.
Mercredi.	**24** N.-D. du Secours des chrétiens (1).
	S. *Vincent* de Lérins, Pr., Ecriv. célèb.
	Ste *Jeanne*, femme de Chuza, Intend. d'Hérode Antipas.
Jeudi.	**25** S. URBAIN, Pape et M.
	S. *Théodote*, cabaretier, M. à Ancyre.
	Ste *Septimie*, M. en Afrique.
	La Translation de S. *François*, à Assise.
Vendredi.	**26** S. *Philippe* de Néri, Inst. de la Congr. de l'Oratoire.
	S. *Eleuthère*, P. et M.
	S. *Lambert*, Ev. de Vence, un des Patrons du diocèse.
	S. *Augustin*, Ap. de l'Anglet., Arch. de Cantorbéry.
	S. *Gond* (2), Ab. à Verdun, neveu de S. Vandrille.
	Le B. *Henri* de France, Ev. de Beauvais, puis Arch. de Reims.
Samedi.	**27** Ste *Marie-Madeleine* de Pazzi, Carmél.
	Le Vén. *Bède*, Pr., moine en Anglet., savant écrivain.
	S. *Olivier*, Pèlerin et Relig. à Ancône.

(1) Fête fondée par Pie VII à son retour en 1814.
(2) *Godo, onis.*

F. DES MYSTÈRES.	FÊTES DES SAINTS.
Temps de Pâques.	MAI.
5ᵉ Dim. apr. Pâques.	**28** S. *Germain*, Ev. de Paris. S. *Sénateur*, Arch. de Milan. S. *Priam*, M. en Sardaigne. S. *Guillaume*, duc d'Aquitaine, moine de Gellone. Stᵉ *Arminie* (1), M. en Afrique.
Lundi des Rogations.	**29** S. *Jason*, parent de S. Paul. Stᵉ *Clémentine*, V. et M. à Modène. Stᵉ *Bonne*, V. de l'O. des Min., à Pise. S. *Adhémar*, M. en Languedoc.
Mardi des Rogations.	**30** Stᵉ *Emmélie*, mère de S. Basile le Gr. S. *Ferdinand III*, roi de Cast. et de Léon.
Mercredi des Rogat.	**31** Stᵉ *Amélie*, M. à Gironne en Espagne, sous Dioclétien. S. *Hector* Ferrand, Arch. de Tolède. S. *Roland*, chevalier, M. La Translation des cendres de S. *Jean-Baptiste*, à Gênes.
	JUIN.
Jeudi. L'ASCENSION. (Calendes.)	**1** La fête de l'*intérieur de la Stᵉ Vierge*. S. *Pamphile*, Pr. et M. à Césarée en Palestine. Stᵉ *Silvanie*, M. à Thessalonique. S. *Alcibiade*, M. à Lyon. Stᵉ *Laure* (2), M. à Thessalonique. S. *Flour*, 1ᵉʳ Ev. de Lodève, Patr. du diocèse de Saint-Flour.
Vendredi.	**2** S. *Marcellin*, Pr., et S. *Pierre*, Exorc. MM. S. *Erasme* (3), Ev. en Campanie, M., Patr. des marins. S. *Pothin* (4), 1ᵉʳ Ev. de Lyon, M. Stᵉ *Blandine* et Stᵉ *Emilie*, MM. avec S. Pothin. La fête de *N.-D. de Grâce*.

(1) Ou *Hérminie*.
(2) A Rome, l'église de Sᵗᵉ-Anastasie possède des reliques de Sᵗᵉ Laure.
(3) Vulg. *S. Elme*.
(4) Ou *Photin*.

F. DES MYSTÈRES.	FÊTES DES SAINTS.
Temps de Pâques.	**JUIN.**
Samedi.	**3** Ste *Clotilde*, R. de Fr., Ep. du gr. Clovis. Ste *Olive*, V. à Anagni. S. *Ovide*, hon. à Braga en Portugal.
Dim. dans l'Oct. de l'Ascension.	**4** S. *Métrophane*, Patr. de Constantinop. S. *Optat*, Ev. de Milève. P. de l'Eglise. Ste *Saturnine*, V. et M. à Arras. Ste *Lucence*, V. de Provins.
Lundi. (Nones).	**5** S. *Boniface*, Arch. de Mayence, Ap. de l'Allemagne, M. S. *Cléomène* (1), M. en Egypte.
Mardi.	**6** S. *Norbert*, Ev. de Magdebourg, Fond. de l'O. de Prémontré. S. *Claude*, comte de Salins, Arch. de Besançon, 2e du nom. S. *Tancrède*, Chan. et curé dans le diocèse d'Avranches. S. *Colm*, Ev., Ap. des îles Orcades.
Mercredi.	**7** S. *Paul*, Patr. de Constantinople, M. S. *Marcellin*, Ev. du Puy. S. *Godescalc*, prince de Mecklembourg. Ste *Ezelinde*, V. en Angleterre.
Jeudi.	**8** S. MÉDARD, Ev. de Noyon. S. *Godard*, frère de S. Médard, Arcb. de Rouen. Ste *Calliope*, M., hon. dans l'Egl. lat. et l'Egl. grecq.
Vendredi.	**9** Ste *Pélagie*, V. et M. à Antioche. S. *Colomb*, Pr., Ap. des Pictes, en Ec.
Samedi. Vigile.	**10** Ste *Marguerite*, reine d'Ecosse. S. *Basilide*, M. à Rome. S. *Astère* (2), Ev. de Petra en Arabie. S. *Landry*, Ev. de Paris. La B. *Diane*, de l'O. de S. Dom., à Bolog.
Dim. de la PENTECÔTE.	**11** S. BARNABÉ, Ap. des gentils. S. *Alvares* Garcia, M. dans les Algarv.
Lundi.	**12** L'Invent. des Reliques de S. *Antoine*. S. *Amphion*, Ev. en Cilicie. S. *Paris*, moine Camaldule. S. *Onuphre*, Anach. en Egypte.

(1) Ou *Climène.*
(2) D'où *Astérie.*

F. DES MYSTÈRES.	FÊTES DES SAINTS.
Temps de Pâques.	JUIN.
Mardi. (Ides.)	**13** S. *Antoine* de Pad., de l'O. des Fr. Min. Ste *Aquiline*, V. et M. en Palestine.
Mercredi. Quatre.-T.	**14** S. *Basile* le Grand, Ev. de Césarée en Capp., D. de l'Eglise. S. *Marcien*, 1er Ev. de Syracuse, M. S. *Elisée*, Prophète.
Jeudi.	**15** S. GUI, M. en Lucanie. Ste *Libye* et Ste *Léonide*, S^{rs}, MM. à Palm. La Vén. *Virginie*, de l'O. de S. Dom.
Vendredi. Quatre-T.	**16** S. *Cyr* et Ste *Julitte*, MM. en Cilicie. S. *Jean François* Régis, de la C. de Jés. S. *Algère* (1), Ev. de Bellune.
Samedi. Quatre-Tem. L'Ordination.	**17** S. *Isaure*, Diacre, M. en Macédoine. S. *Nicandre*, M. dans le roy. de Naples. S. *Manuel*, M. à Chalcédoine. S. *Diogène*, M. à Rome.
1er Dim. apr. la Pent. ou Dimanche de la SAINTE-TRINITÉ.	**18** Ste *Marine*, V. et M. à Alexandrie, pa- tronne d'une anc. Par. de Paris. S. *Fortuné*, Ev. Orig. de Verceil, ami de S. Germain de Paris.
Lundi.	**19** S. *Gervais* et S. *Protais*, Fr., MM. à Milan. Ste *Julienne* Falconiéri, Inst. des reli- gieuses Servites. Ste *Aline*, V. et M. près de Bruxelles. S. *Dié* (2), Ev. de Nevers, puis Ab. en Lorraine.
Mardi.	**20** S. *Silvère*, P. et M. Ste *Florentine*, V., sœur de S. Léandre et de S. Isidore. S. *Abgare*. roi d'Edesse, Disc. des Ap. Ste *Héliade*, Ab. à Trèves.
Mercredi.	**21** S. *Louis* de Gonzague, de la Comp. de Jésus, patron de la jeunesse. S. *Mein* (3), Ab. en Bretagne. S. *Raoul*, Cte de Cahors, Arc. de Bourges. S. *Persée*, M. en Afrique.
Jeudi. Fête-Dieu ou du S. SACREMENT, ou *Corpus Domini*.	**22** S. *Paulin*, Cons. rom., puis Ev. de Nole. S. *Alban*, 1er martyr d'Angleterre. S. *Flavius Clément*, Person. cons., M.

(1) Ou *Algire*, d'où *Alzire*.
(2) Ou *Deodatus*.
(3) Ou *Méen*.

F. DES MYSTÈRES.	FÊTES DES SAINTS.
Temps de la Trinité.	JUIN.
	Ste *Hildegarde*, V. à Mayence, Ab. d'El-bingen.
	S. *Achate* et ses Comp., MM., patrons de la Carniole.
Vendredi.	**23** Ste *Agrippine*, V. et M. à Rome.
	Ste *Ediltrude*, V. et R., puis Ab. en Angl.
Samedi.	**24** LA NATIVITÉ DE S. JEAN-BAPTISTE (1).
	S. *Héros* et S. *Pharnace*, MM. en Arm.
	S. *Agoard* et S. *Aglibert*, MM. à Cré-teil, près Paris.
	S. *Théodulphe*, Ab. de Lobes.
	S. *Yvan*, ermite en Bohême.
2e Dim. apr. la Pent. ou 2e Dim. de *la Trinité* (2).	**25** S. *Gallican*, Person. consul., M. Alex.
	S. *Prosper* d'Aquitaine, Père de l'Egl.
	S. *Maxime*, Arch. de Turin.
Lundi.	**26** S. *Jean* et S. *Paul*, Offic. de Constantin, MM. à Rome.
	S. *Anthelme*, Gén. des Chartreux, puis Ev. de Belley.
	S. *Jean* le Tauroscythe, Ev. des Goths, M.
Mardi.	**27** S. *Crescent*, Disc. de S. Paul, Ev. et M. en Galatie.
	S. *Ladislas*, roi de Hongrie.
	S. *Ferrand*, Ev. au roy. de Naples.
Mercredi.	**28** S. *Irénée*, Ev. de Lyon et M., D. de l'Eg.
	S. *Plutarque*, Disc. d'Orig., M. à Alex.
	Ste *Théodéchilde*, R. des Bulg. de Varne.
	Ste *Nisie* (3), M. en Afrique.
	S. *Tityre*, M. à Alexandrie.
	Ste *Emma*, parente de S. Henri, Fond. du Mon. de Gurk en Carinthie.
Jeudi. L'Octave de la Fête-Dieu.	**29** S. PIERRE (4) ET S. PAUL, A.
	S. *Cassius*, Ev. de Narni.
Vendredi. Fête du Sa-cré Cœur de Jésus.	**30** S. *Martial*, 1er Ev. de Limoges, Ap. de l'Aquitaine.
	Ste *Lucine*, Disc. des Ap.
	Ste *Emilienne*, M. à Rome.

(1) En anglais *John*, d'où *Jenny* au féminin.
(2) Cette dénomination était autrefois usitée pour tous les dimanches après la Pentecôte.
(3) D'où *Nisa*.
(4) Ou *Céphas*, d'où *Céphise*.

F. DES MYSTÈRES.	FÊTES DES SAINTS.
Temps de la Trinité.	**JUILLET.**
Samedi. (Calendes.)	**1** S. *Aaron*, grand-prêtre des Juifs. S. *Thibauld* (1), Pr. et Solit. près de Vicence. S. *Cibar*, Ab. à Angoulême. S. *Léonore*, Ev. en Bretagne. Sᵗᵉ *Reine*, femme du B. Adelbert, comte d'Ostrevent. S. *Flores* (2), Conf., hon. à Rodez. L'Oct. de la Nativité de S. *Jean-Bapt.*
3ᵉ Dim. apr. la Pent.	**2** LA VISITATION DE LA Sᵗᵉ VIERGE. Sᵗᵉ *Marcie*, M. en Campanie. S. *Othon*, comte d'Andesch, Ev. de Bamberg, Ap. de la Poméranie. S. *Juvénal*, Patr. de Jérusalem. S. *Aceste*, Disc. de S. Paul, M.
Lundi.	**3** S. *Hyacinthe*, chambellan de l'Emper. Trajan, M. S. *Anatole*, Ev. de Laod., Ecriv. dist.
Mardi.	**4** S. *Ulric*, Ev. d'Augsbourg, le 1ᵉʳ saint canonisé juridiquement en 993. Sᵗᵉ *Berthe*, nièce de Sᵗᵉ Bathilde, 1ʳᵉ Ab. de Blangy en Artois.
Mercredi.	**5** Sᵗᵉ *Zoé* M. à Rome, conv. par S. Sébast. S. *Valère*, 1ᵉʳ Ev. de Conserans. Le B. *Hugues de S. Victor*, savant illust.
Jeudi.	**6** S. *Isaïe*, Prophète. S. *Diodore*, M. en Campanie. La Translation de Sᵗᵉ *Gudule*, V., patronne de Bruxelles.
Vendredi. (Nones.)	**7** S. *Pantène*, chef de l'école d'Alexandrie, Ap. des Indes. S. *Victorin*, célèbre Rhét., M. à Rome. Sᵗᵉ *Edilburge*, V., Ab. de Farmoutier.
Samedi.	**8** Sᵗᵉ *Elisabeth*, reine de Portugal. S. *Aquila* et Sᵗᵉ *Priscille*, Disc. des Ap. S. *Epictète*, M. en Scythie. Le Vén. *Pierre* l'Ermite, Pr., 1ᵉʳ prieur des Chan. rég. de Liége. Sᵗᵉ *Sunine*, V. et M. en Norvége.

(1) Ou *Théobald*.
(2) D'où *Florestine*.

F. DES MYSTÈRES.	FÊTES DES SAINTS.
Temps de la Trinité.	JUILLET.
4ᵉ Dim. apr. la Pent.	**9** La fête de la Ste *Vierge, Reine de Paix*, à Rome.
	Ste *Anatolie*, V. et M. en Italie, chez les Sabins.
	S. *Héraclius*, Arch. de Sens, un des témoins du baptême de Clovis.
Lundi.	**10** Ste *Félicité* et ses sept fils, MM. à Rome.
	Ste *Amelberge*, V. en Belgique.
	S. *Antoine*, Patr. des moines de Russie.
Mardi.	**11** Ste *Olga* (1), princesse russe, mère de S. Vladimir.
Mercredi.	**12** S. *Jean* Gualbert, militaire, Fond. de de l'O. de Vallombreuse.
	S. *Jason*, un des prem. Disc. de J.-C.
	Ste *Véronique* Juliani, Ab.
	La Susception des Reliq. de S. *Amateur*, Ev. d'Auxerre.
Jeudi.	**13** S. *Eugène*, Ev. de Carthage, mort près d'Albi.
	S. *Silas* et S. *Silvain*, Disc. des Ap.
	Ste *Maure* et Ste *Brigide*, VV. et MM. de Beauvais.
Vendredi.	**14** S. *Bonaventure*, Gén. de l'O. de S. Fr., Ev., Card. et D. de l'Eglise.
	S. *Camille* de Lellis, Fond. des Clercs rég. hospitaliers.
Samedi. (Ides.)	**15** LA DIVISION DES APÔTRES (2).
	S. *Henri*, empereur d'Allemagne.
	S. *Vladimir* (3) le Gr., duc des Russes.
5ᵉ Dim. apr. la Pent.	**16** NOTRE-DAME DU MONT CARMEL.
	S. *Fulrad*, Ab. de Saint-Denis.
	S. *Eustathe*, Patr. d'Antioche.
Lundi.	**17** S. *Alexis* (4), fils du sénateur Euphémien, Conf.
	Ste *Marcelline*, V., sœur de S. Ambroise.
	S. *Généreux*, M. à Tivoli.
	La Canonisation de S. *François*.

(1) Ou *Hélène*.
(2) Quand ils se séparèrent pour évangéliser. — Ce jour est aussi la fête des *soixante-douze disciples* de Jésus-Christ.
(3) En Allemagne *Valdemar*.
(4) D'où *Alexine*.

F. DES MYSTÈRES.	FÊTES DES SAINTS.
Temps de la Trinité.	JUILLET.
—	—
Mardi.	**18** S. *Frédéric*, Ev. et M. à Utrecht. S. *Symphorose* et ses sept fils, MM. à Tivoli. S. *Clair*, moine et M. en Normandie.
Mercredi.	**19** S. *Arsène*, Diacre de l'Eglise de Rome, Solitaire en Egypte. S. *Vincent de Paul*, Fond. des Lazaristes et des Filles de la Charité. Ste *Stéphanide*, M. à Damas.
Jeudi.	**20** Ste MARGUERITE, V. et M. à Antioc. (1). S. *Elie*, Prophète, Fond. de l'O. du Mont-Carmel. Le Vén. *Robert*, roi de France.
Vendredi.	**21** Ste *Praxède*, V. à Rome, baptisée par S. Pierre. S. *Victor*, militaire, M. à Marseille. S. *Daniel*, Prophète, à Babylone. S. *Arbogaste*, Ev. et Patr. de Strasb.
Samedi.	**22** Ste MARIE-MADEL., Disc. de N.-S. J.-C. S. *Vandrille*, Fond. de l'Ab. de Fonten. S. *Joseph*, créé comte par Constantin, persécuté pour la foi.
6e Dim. apr. la Pent.	**23** S. *Apollinaire*, Disc. de S. Pierre, Ev. de Ravenne, M. Ste *Hérondine*, V. à Rome. La Translation des trois Saints *Rois Mages*, à Cologne.
Lundi.	**24** Ste *Christine*, V. et M. en Toscane. S. *Romain* et S. *David* (2), MM., patrons de la Russie. S. *Ménée*, M. en Lycie. Ste *Ségolène* (3), Ab. à Albi.
Mardi.	**25** S. JACQUES le Majeur, fils de Zébédée, Ap., patron de l'Espagne. Ste *Valentine* (4), V. et M. en Palest. Ste *Glodesinde*, V. et Ab. à Metz.
Mercredi.	**26** Ste ANNE, mère de la Ste Vierge. S. *Olympe*, tribun, M. à Rome.

(1) Les actes du moyen âge supposent Ste Marguerite, le 13.
(2) Dits auparavant *Hebbi* et *Borissi*.
(3) D'où *Evelina*.
(4) D'où *Eglantine*, qui se dit en latin *Valentina*.

F. DES MYSTÈRES.	FÊTES DES SAINTS.
Temps de la Trinité.	**JUILLET.**
	S. *Eraste*, Disc. de S. Paul, Ev. et M. à Philippes.
Jeudi.	**27** S. *Aurélius* et Ste *Natalie*, MM. à Cord.
	S. *Hermocrate*, M. à Nicomédie.
	Ste *Anthuse*, V. et fille de l'empereur Constantin Copronyme.
Vendredi.	**28** S. *Nazaire* et S. *Celse*, MM. à Milan.
	S. *Samson*, Ev. en Bretagne.
Samedi.	**29** Ste *Marthe*, sœur de S. Lazare, hôtesse de N.-S.
	Ste *Béatrix*, M. à Rome.
	S. *Olaüs*, roi de Norvége, M.
	Ste *Lucile*, V. et M. à Rome.
	Ste *Séraphine*, citée par le Martyr. rom.
7e Dim. apr. la Pent.	**30** Ste *Maxime*, V. et M. en Afrique.
	Ste *Juliette*, M. à Césarée en Cappad.
	S. *Abdon* et S. *Sennen*, Persans, MM. à Rome.
Lundi.	**31** S. *Ignace* de Loyola, Fond. de la Comp. de Jésus.
	S. *Germain*, Ev. d'Auxerre, illustre Conf. de la Foi.
	Le B. *Jean Colombin*, Inst. de l'O. des Jésuates.
	S. *Démocrite*, M. en Phrygie.
	AOUT.
Mardi. (Calendes.)	**1** La Dédic. de S. PIERRE-AUX-LIENS (1).
	Les saints *Machabées*, sept frères, MM. sous l'ancienne loi.
	Ste *Sophie*, M. avec ses trois filles, Ste *Foi*, Ste *Espérance* et Ste *Charité*.
	S. *Ménandre*, M. en Arabie.
	S. *Exupère*, 1er Ev. de Bayeux.
Mercredi.	**2** N.-D. de la Portioncule, ou N.-D. des Anges.
	S. *Etienne*, P. et M.

(1) Où les chaines de S. Pierre sont déposées.

F. DES MYSTÈRES.	FÊTES DES SAINTS.
Temps de la Trinité.	AOUT.
	S. *Alphonse de Liguori*, Év., Fond. des Rédemptoristes.
	S*te* *Théodote* et ses trois fils, MM. à Nicée.
	S. *Auspice*, 1*er* Ev. d'Apt et M.
Jeudi.	**3** S*te* *Lydie*, Disc. de S. Paul.
	S. *Gamaliel*, maître de S. Paul et Disc. de J.-C.
	S. *Euphrone*, Ev. d'Autun.
Vendredi.	**4** S. *Dominique*, Fond. des Fr. Prêch.
	S. *Aristarque*, Disc. de S. Paul, Ev. de Thessalonique.
	S*te* *Sigrade*, mère de S. Léger.
Samedi. (Nones.)	**5** *Notre-Dame des Neiges*.
	S. *Oswald*, roi d'Angleterre.
	S. *Abel*, Arch. de Reims, puis Ab. de Lobes.
	S. *Edgar*, roi d'Angleterre.
	S. *Jon*, Comp. de S. Denis, M.
	S. *Mommius* (1), 1*er* Ev. de Châlons-sur-Marne.
8e Dim. apr. la Pent.	**6** LA TRANSFIGURATION DE N.-S. (2).
	S. *Hormisdas*, Pape.
Lundi.	**7** S. *Gaëtan* de Thienne, Fond. des Théat.
	S. *Victrice*, d'abord milit., puis Arch. de Rouen.
Mardi.	**8** S. *Smaragde* (3), M. à Rome.
	S. *Sévère*, Pr., Mission. dans le Dauph.
Mercredi.	**9** S. *Domitien*, Ev. de Châlons-s.-Marne.
	S. *Romain*, militaire, M. à Rome.
	S. *Numidique*, Pr., M. en Afrique.
Jeudi.	**10** S. LAURENT, Archidiacre de Rome, M. sous Valérien.
	S*te* *Astérie*, V. et M. à Bergame.
	S*te* *Philomène* (4), V. et M. sous Diocl.
Vendredi.	**11** La *Susception de la S*te* Couronne d'épines*, à Paris.
	S*te* *Susanne*, V. et M.

(1) Vulg. *S. Mongé*.
(2) On l'honore ce jour-là sous le nom de *S. Sauveur*, nom que porte la 1re église du monde chrétien, appelée ordinairement *S.-Jean-de-Latran*.
(3) D'où *Emeraude*.
(4) Ses reliques sont à *Mugnano*, roy. de Naples.

F. DES MYSTÈRES.	FÊTES DES SAINTS.
Temps de la Trinité.	**AOUT.**
	Ste *Eliane* (1), M. à Rome.
	S. *Taurin*, 1er Ev. d'Evreux.
Samedi.	**12** Ste *Claire* (2), V., Inst des Clarisses.
	S. *Anicet*, comte de l'empire, M. sous Dioclétien.
	Ste *Eunomie*, M. à Augsbourg.
	Ste *Artémie*, V. et M. à Rome, Comp. de Ste Constance.
9e Dim. apr. la Pent. (Ides.)	**13** S. *Hippolyte*, Disc. de S. Laurent, M. à Rome.
	Ste *Radegonde*, reine de France, femme de Clotaire Ier.
	S. *Maxime* de Constantinople, Solit., écrivain et M.
Lundi.	**14** *La Vigile de l'Assomption.*
	Ste *Athanasie*, Ab. de Timie, dans l'île de Chypre.
	S. *Marcel*, Ev. d'Apamée et M.
Mardi.	**15** L'ASSOMPT. DE LA Ste VIERGE MARIE (3).
	S. *Alype*, Disc. de S. Augustin, Ev. de Tagaste.
Mercredi.	**16** S. *Hyacinthe*, de l'O. de S. Dom., Ap. de la Pologne.
	S. *Roch*, laïque, invoqué contre les maladies contagieuses.
	Ste *Sérène*, femme de l'Emp. Dioclétien.
	S. *Diomède*, médecin, M. en Bithynie.
	S. *Arnoul*, Ev. de Metz, tige de la 2e dynastie des rois de France.
	S. *Arsace*, solitaire près de Nicomédie.
Jeudi.	**17** S. *Mammès*, berger, M. à Césarée en Cappadoce.
	S. *Myron*, Pr., M. à Cyzique.
	Le B. *Carloman*, duc des Français, Rel. du Mont-Cassin.
Vendredi.	**18** S. *Flore* et S. *Laure*, tailleurs de pierres, MM. en Illyrie.
	Ste *Hélène*, mère de l'Emp. Constantin.

(1) Son corps est à *Aire*.
(2) Ou *Clara*, d'où *Clarisse*.
(3) C'est la fête patronale des personnes qui portent ce nom et celui de *Virginie*.

F. DES MYSTÈRES.	FÊTES DES SAINTS.
Temps de la Trinité.	AOUT.
Samedi.	19 S. *Jules*, sénateur, M. sous Commode. S. *Carmery*, duc d'Aquitaine. S. *Sébald*, prince dan., pat. de Nuremb. S. *Satyre*, 1er Ev. d'Arezzo.
10e Dim. apr. la Pent.	20 S. BERNARD, 1er Ab. de Clairvaux, D. de l'Eglise. S. *Philibert*, 1er Ab. de Jumièges. S. *Memnon*, centurion, M. en Thrace. S. *Samuel*, Prophète et Juge d'Israël.
Lundi.	21 Ste *Jeanne de Chantal*, Inst. de l'O. de la Visitation. S. *Privat*, Ev. de Mende et M. S. *Abraham*, Archimand. de Smolensk. Ste *Adelinde*, Ab. à Fulde en Allemag. S. *Sidoine* (1) *Apollinaire*, préfet de Rome, puis Ev. de Clermont.
Mardi.	22 S. *Hippolyte*, Ev. de Porto, P. de l'E. et M. S. *Symphorien*, M. à Autun. S. *Philbert*, M. en Espagne. Le B. *Bernard*, Fond. des Olivetains.
Mercredi.	23 S. *Philippe Béniti*, Gén. des Servites. S. *Minerve* et Ste *Eléazarum*, son Ep., MM. à Lyon. S. *Zachée*, Patr. de Jérusalem. S. *Théonas*, Patr. d'Alexandrie.
Jeudi.	24 S. BARTHÉLEMY, Ap. S. *Ouen*, chancelier de France, puis Arch. de Rouen. Ste *Alice*, Prieure en Angleterre. Ste *Aurée*, V. et M., patronne d'Ostie.
Vendredi.	25 S. LOUIS (2), roi de Fr., 9e du nom. S. *Genès*, comédien, M. à Rome.
Samedi.	26 S. *Zéphyrin*, Pape et M. Ste *Ténestine*, V. au Mans.
11e Dim. apr. la Pent. Le S. *Cœur de Marie* à Rome.	27 S. *Joseph Casalanz*, Fond. des Frères des Ecoles pies. S. *Césaire*, Arch. d'Arles, P. de l'Egl. Ste *Euthalie*, V. et M. en Sicile. La Transverb. du cœur de Ste *Thérèse*.

(1) D'où *Sidonie*.
(2) Ou *Ludovic* ou même *Clovis*; puis *Louise*, *Héloïse* et *Lise*.

F. DES MYSTÈRES.	FÊTES DES SAINTS.
Temps de la Trinité.	**AOUT.**
Lundi.	**28** S. *Augustin* (1), Ev. d'Hipp., D. de l'Eg. S. *Hermès*, M. à Rome.
Mardi.	**29** LA DÉCOLLATION DE S. JEAN-BAPTISTE. Ste *Sabine*, M. à Rome. S. *Adelphe*, Ev. de Metz. S. *Nicéas*, M. à Antioche. S. *Sebba*, roi en Angleterre. S. *Merry* (2), Ab. de S. Martin d'Autun.
Mercredi.	**30** Ste *Rose* de Lima, V. du tiers ordre de S. Dominique. S. *Fiacre*, prince irlandais, solitaire dans le Dioc. de Meaux.
Jeudi.	**31** S. *Aristide*, Apolog. de la Relig. à Athèn. S. *Paulin*, Ev. de Trèves. S. *Mature*, Ev. de Cagliari.
	SEPTEMBRE.
Vendredi. (Galendes.)	**1** S. GILLES ou *Egide*, Ab. dans le Dioc. de Nîmes. S. *Constance*, Ev. d'Aquin. S. *Sixte*, 1er Ev. de Reims.
Samedi.	**2** S. *Etienne*, roi de Hongrie (3). S. *Elpide*, Arch. de Lyon. S. *Agricole*, Ev. et patron d'Avignon. S. *Antonin*, M., patron de Pamiers.
12e Dim. apr. la Pent.	**3** S. *Phébé*, Disc. de S. Paul. S. *Aristée*, Ev. de Capoue et M. S. *Ariste*, M. en Syrie.
Lundi.	**4** Ste *Rosalie*, du sang de Charlemagne, V. à Palerme. Ste *Rose* de Viterbe, V. du tiers ordre de S. François. S. *Moïse*, Proph., Législat. des Hébr. Ste *Ida*, épouse de S. Egbert. Ste *Hermione*, fille de l'Ap. S. Philippe, M. à Ephèse.

(1) D'où *Gustin* et *Gustave*.
(2) Ou *Médéric*.
(3) Les Hongrois nomment ce jour la *Fête du saint Roi*.

F. DES MYSTÈRES.	FÊTES DES SAINTS.
Temps de la Trinité.	SEPTEMBRE.
Mardi. (Nones.)	**5** S. *Laurent Justinien*, 1ᵉʳ Patr. de Ven.
	S. *Romulus*, Préf. du pal. de Trajan, M.
	S. *Corentin*, 1ᵉʳ Ev. de Quimper.
	S. *Bertin*, Ab. près Saint-Omer.
	S. *Genebaud*, 1ᵉʳ Ev. de Laon.
Mercredi.	**6** S. *Onésiphore*, Disc. des Ap.
	S. *Donatien*, Ev. en Afrique, M.
Jeudi.	**7** Sᵗᵉ *Reine*, V. et M. à Autun.
	S. *Cloud*, prince du s. roy. de Fr., Pr.
Vendredi.	**8** LA NATIVITÉ DE LA Sᵗᵉ VIERGE.
	Sᵗᵉ *Séraphine*, V. de l'O. de Sᵗᵉ Claire,
	princesse de Pésaro.
	Sᵗᵉ *Belline*, V. et M. à Troyes.
Samedi.	**9** S. *Omer*, Ev. de Térouanne.
	S. *Artémidore*, M. en Grèce.
	Sᵗᵉ *Osmanne*, V., hon. à S.-Denis en Fr.
	S. *Véran*, Ev. de Vence, un des pa-
	trons du diocèse.
	Le Vén. *Enguerrand*, Princier de Metz,
	Prévôt du Mon. de Gorze.
13ᵉ Dim. apr. la Pent.	**10** S. *Nicolas* de Tolentin, de l'O. des
Le S. *Nom de Marie*.	Erm. de S. Augustin.
	S. *Polyane*, M. en Afrique.
	Les Sᵗᵉˢ *Ménodore, Métrodore, Nympho-*
	dore, sœurs, VV. et MM. en Bithynie.
	Sᵗᵉ *Pulchérie*, impératrice, V.
Lundi.	**11** S. *Emilien*, Ev. de Verceil.
	S. *Almer* (1), Co., à Grez, dans le Maine.
	Sᵗᵉ *Eugénie*, V. et M. à Limoges, etc.
Mardi.	**12** La fête du S. *Nom de Marie*, à Rome.
	S. *Nicétas*, M. à Nicomédie.
Mercredi. (Ides.)	**13** S. *Euloge*, Patr. d'Alexandrie.
	S. *Amé*, Arch. de Sens.
	S. *Maurille*, Arch. de Rouen.
Jeudi.	**14** L'EXALTATION DE LA SAINTE CROIX.
	S. *Materne*, 1ᵉʳ Ev. de Trèves.
	S. *Rosule* et S. *Général*, MM. en Afriq.
Vendredi.	**15** S. *Nicoméde*, Pr. et M. à Rome.
	Sᵗᵉ *Mélitine*, M. à Thrace.
	S. *Nicétas*, M. sous Athan., R. des Goths.

(1) Ou *Almire* ou *Elmire*.

F. DES MYSTÈRES.	FÊTES DES SAINTS.
Temps de la Trinité.	**SEPTEMBRE.**
Samedi.	**16** S. *Corneille*, P. et M. S. *Cyprien*, Ev. de Carth., P. de l'Eg., M. Ste *Euphémie*, V. et M. à Chalcédoine. S. *Ninias* (1), Ap. des Pictes en Ecosse. S. *Josaphat*, Arch. de Polotsk, M. Ste *Edithe*, V., fille de S. Edgar, roi d'Angleterre. Ste *Innocence*, V. et M. sous Dioclétien, patronne de Rimini.
14e Dim. apr. la Pent. 3e Dim. de Sept. F. de *N.-D. des Sept Douleurs.*	**17** *Les Stigmates de S. François d'Assise.* Ste *Ariane*, M. en Phrygie. S. *Lambert*, Ev. de Maëstricht, M. Ste *Camélie*, V. et M. à Carcassonne.
Lundi.	**18** S. *Méthode*, Ev. de Tyr, P. de l'Eglise, M. à Négrepont. S. *Eumène*, Ev. en Crète. Ste *Stéphanie*, V. et M. à Amalfi.
Mardi.	**19** S. *Janvier*, Ev. de Bénévent et M., principal patron de Naples. Ste *Victorine*, Rel. à Epinal. S. *Arnoul*, Ev. de Gap, un des patrons du diocèse.
Mercredi. Quatre-T.	**20** S. *Eustache*, Off. de caval.. M. à Rome. Ste *Candide*, V. et M. à Carthage. S. *Glycère*, Arch. de Milan. S. *Maximilien*, soldat, M. à Antioche. Ste *Philippa*, mère de S. Théodose, M. à Antioche.
Jeudi.	**21** S. MATTHIEU, Ap. et Evangéliste. Ste *Iphigénie*, V., Disc. de S. Matthieu, en Ethiopie. S. *Castor*, Ev. d'Apt, titulaire de la cath. de Nîmes. S. *Lô*, Ev. de Coutances.
Vendredi. Quatre-T.	**22** S. *Maurice* et ses 6,600 Comp. de la légion thébéenne, MM. à Agaune. S. *Thomas* de Villen., Arch. de Valence. Ste *Iraïde*, V. d'Alexandrie, M. S. *Septime*, Ev. et M., patron d'Iési. S. *Lin*, P. et M., 1er Succ. de S. Pierre.

(1) Ou *Ninien.*

F. DES MYSTÈRES.	FÊTES DES SAINTS.
Temps de la Trinité.	SEPTEMBRE.
Samedi. Quatre-Tem. L'Ordination.	**23** S⁺ᵉ *Thècle*, Disc. de S. Paul, 1ʳᵉ des martyres. S⁺ᵉ *Polyxène*, Disc. des Ap., hon. en Espagne.
15ᵉ Dim. apr. la Pent.	**24** *Notre-Dame de la Merci* (1) LA CONCEPTION DE S. JEAN-BAPTISTE. S. *Germer*, Ab. en Beauvaisis. S. *Anathalon*, 2ᵉ Ev. de Milan et 1ᵉʳ Ev. de Brescia.
Lundi.	**25** *La fête du S. Rédempteur* (2), à Rome, etc. S. *Firmin*, 1ᵉʳ Ev. d'Amiens, M, S⁺ᵉ *Aurélie* et S⁺ᵉ *Néomise*, VV. à Anagni.
Mardi.	**26** S⁺ᵉ *Justine*, V. et M. à Nicomédie. S. *Callistrate* et 49 soldats, MM. à Rome. S. *Nil* le Jeune, Fond. et Ab. de Grotta-Ferrata, près de Tusculum. S. *Vulsius*, 1ᵉʳ Ab. de Westminster.
Mercredi.	**27** S. *Come* et S. *Damien*, frères, médecins, MM. S. *Elzéar*, comte d'Arian dans le Roy. de Naples. S⁺ᵉ *Delphine*, épouse de S. Elzéar, V.
Jeudi.	**28** S. *Venceslas*, duc de Bohême, M. S. *Céran*, Ev. de Paris.
Vendredi.	**29** S. MICHEL, Archange, et tous les saints Anges. S. *Héraclée*, M. en Thrace. S. *Ripsime*, V. et M. en Arménie sous le roi Tiridate.
Samedi.	**30** S. *Jérôme*, Pr. et D. de l'Eglise. S. *Grégoire*, l'Illuminateur, 1ᵉʳ Patr. de l'Arménie. La fête des *Reliques de la sainte Chapelle* de Paris.

(1) Pour la délivrance des captifs.
(2) Cette fête est très-solennelle à Venise au mois de juillet.

12.

F. DES MYSTÈRES.	FÊTES DES SAINTS.
Temps de la Trinité.	**OCTOBRE.**
16e Dim. apr. la Pent. Fête de *N.-D. du Rosaire.* (Calend.)	**1** S. *Remi*, Arch. de Reims, Ap. des Francs. S. *Arétas*, M. à Rome avec 504 autres Confesseurs. S. *Bavon*, solitaire, patron de la Cath. de Gand. Ste *Laurence*, V. et M. à Ancône. S. *Opilius* (1), Diacre à Plaisance.
Lundi.	**2** *Les saints Anges gardiens.* S. *Léger* (2), Ev. d'Autun, M.
Mardi.	**3** S. *Gérard*, Ab. de Brogne, dans le Dioc. de Namur. Ste *Romaine*, V. et M. à Beauvais. S. *Cyprien*, Disc. de S. Césaire, Ev. de Toulon. S. *Théagène*, M. en Grèce.
Mercredi.	**4** S. FRANÇOIS (3) d'Assise, Inst. des Fr. Min., etc. Ste *Aure*, V., Ab. de S. Martial, à Paris. Ste *Callisthène*, V., hon. chez les Grecs. Ste *Bérénice*, V. et M. en Mésopotamie.
Jeudi.	**5** S. *Placide*, Disc. de S. Benoît, M. à Messine. S. *Thraséas*, Ev. d'Euménie, M. à Smyrne. Ste *Chariline*, V. et M. sous Dioclétien. S. *Aymar*, Ab. de Cluny. Ste *Galla*, veuve rom., fille du consul Symmaque. Ste *Tullie*, V. en Provence.
Vendredi.	**6** S. *Bruno*, Inst. de l'O. des Chartreux. Ste *Foi* (4), V. et M. à Agen. Ste *Modeste*, V., Ab. de Remiremont. Ste *Enimie*, fille de Clothaire II, V.
Samedi. (Nones.)	**7** *Notre-Dame de la Victoire.* S. *Auguste*, Pr. de Bourges et Ab. Ste *Osithe*, fille de Penda, roi des Merciens, V. et M.

(1) D'où *Ophélie.*
(2) *Leodegarius.*
(3) D'où *Franck, Francis, Francisque, Francine.*
(4) *Fides, Fidis.*

F. DES MYSTÈRES.	FÊTES DES SAINTS.
Temps de la Trinité.	OCTOBRE.
17ᵉ Dim. ap. la Pent. Fête de la *Maternité de Marie.*	**8** Sᵗᵉ *Brigitte* de Suède, veuve, célèbre par ses révélations. S. *Artémon*, Pr., M. à Laodicée. S. *Siméon* le Prophète, qui porta J.-C. entre ses bras. Sᵗᵉ *Pélagie*, pénitente à Jérusalem. Sᵗᵉ *Thaïs* pénitente en Egypte. Sᵗᵉ *Palladie*, V. d'Auxerre.
Lundi.	**9** S. *Denis*, 1ᵉʳ Ev. de Paris, Ap. des Gaules. Le S. Patr. *Abraham*, P. des croyants. S. *Riquier*, neveu de Clovis, Ab. dans le Ponthieu. Sᵗᵉ *Austregilde*, sœur de deux Ev. et mère de S. Leu, Ev. de Sens.
Mardi.	**10** S. *François* de Borgia, 3ᵉ Gén. de la Comp. de Jésus. S. *Virgile*, Arch. d'Arles. S. *Clair*, 1ᵉʳ Ev. de Nantes.
Mercredi.	**11** S. *Sarmate*, Disc. de S. Antoine, M. Sᵗᵉ *Zénaïde* (1), parente et Disc. de S. Paul. S. *Kenny*, Ab. en Ecosse. Sᵗᵉ *Julienne*, V., Ab. de Pavilly en Normandie. Sᵗᵉ *Placidie*, V. à Vérone. S. *Ramire*, M. à Léon en Espagne.
Jeudi.	**12** S. *Wilfrid*, Ev. d'York en Angleterre. Sᵗᵉ *Aurélie*, fille du roi Hug. Capet, V. S. *Séraphin*, de l'O. des Cap., à Ascoli. La Com. de la *Vierge de la Colonne* en Espagne.
Vendredi.	**13** S. *Edouard* le Conf., roi d'Angleterre. S. *Daniel*, de l'O. des Fr. Min., M. en Mauritanie. S. *Géraud* (2), comte d'Aurillac, Patr. de la Haute-Auvergne. S. *Théophile*, Patr. d'Antioche, savant écrivain.

(1) Par abréviation *Zeïde* ou *Zaïde*.

F. DES MYSTÈRES.	FÊTES DES SAINTS.
Temps de la Trinité.	OCTOBRE.
Samedi.	**14** Ste *Fortunée*, V. et M. en Palestine, patronne de Naples. S. *Calliste*, P. et M. Ste *Angadrême*, V., Patr. de Beauvais. S. *Céleste*, 2e Ev. de Metz. Le B. *Guillaume* le Conq., roi d'Ang.
18e Dim. ap. la Pent. Fête de la *Pureté de Marie.* (Ides.)	**15** Ste *Thérèse*, V., Réf. de l'O. du Carmel. S. *Boniface* (1), Ev. des Russes et M. S. *Malcolm*, roi d'Ecosse. S. *Quirinus*, Conf., Patr. de l'Esclavon.
Lundi.	**16** S. GAL, Ab., Disc. de S. Colomban. S. *Florentin*, Ev. de Trèves. Ste *Théodéchilde*, V., fille du B. Clovis et de Ste Clotilde. S. *Bertrand*, Ev. de Comminges.
Mardi.	**17** Ste *Hedwige*, duchesse de Pologne. Ste *Soline*, V. et M. à Chartres. S. *Dominique* l'Encuirassé, de l'O. des Camaldules. S. *Héron*, succ. de S. Ignace à Ant., M.
Mercredi.	**18** S. *Luc*, Evangéliste, médecin. S. *Athénodore*, Fr. de S. Grég. Thaum., Ev. de Néocésarée, M. S. *Just*, enfant, M. dans le Beauvaisis. Ste *Tryphonie*, femme ds l'Emp. Dèce.
Jeudi.	**19** S. *Pierre* d'Alcantara, de l'O. des Fr. Min., Inst. des Alcantaristes. S. *Amable*, Curé, patron de Riom. S. *Ptolémée*, M. à Rome. S. *Véran* (2), Ev. et Patr. de Cavaillon. S. *Libanius*, Ev. de Senlis.
Vendredi.	**20** S. *Artémius*, duc d'Egypte, M. sous Julien l'Apostat. Ste *Irène* (3), V. et M. en Portugal. Ste *Cléopâtre*, Rel. en Moscovie, M. S. *Condé*, solitaire.
Samedi.	**21** Ste URSULE, V., et ses Comp., MM., Patronne de la Sorbonne.

(1) D'abord *Brunon*.
(2) Ses reliques sont à Jargeau, dans le diocèse d'Orléans, où il est connu sous le nom de *S. Vrain*.
(3) D'où vient le nom de *Santaren* ou *Santarem*.

F. DES MYSTÈRES.	FÊTES DES SAINTS.
Temps de la Trinité.	OCTOBRE.
	Ste *Célinie*, V. à Meaux, Disc. de Ste Geneviève.
	Ste *Colombine*, V. et M., Comp. de Ste Ursule.
	Ste *Zaïne*, M. en Ethiopie.
	S. *Viateur*, clerc de Lyon sous S. Just.
	S. *Hilarion*, Ab., Disc. de S. Antoine, patron du Quercy.
19e Dim. ap. la Pent.	**22** Ste *Alodie*, V. et M. en Castille sous les Sarrasins.
	S. *Mellon*, 1er Arch. de Rouen.
	Ste *Marie Salomé*, mère des Ap. S. Jacques et S. Jean (1).
Lundi.	**23** S. *Romain*, Arch. de Rouen, Destruct. des restes de l'idolâtrie.
	S. *Jean* de Capistran, de l'O. des Min.
	Le Vén. *Boëce*, Consul, Ecrivain célèbre, M.
	S. *Gratien*, M. à Chartres.
	S. *Aymon* (2), 2e Ev. de Toul.
Mardi.	**24** S. *Raphaël*, Archange.
	S. *Arétas*, M. dans le pays des Homérites en Arabie.
	S. *Magloire*, Ev. en Bretagne.
	Ste *Maxence*, V. et M. en Ecosse.
Mercredi.	**25** S. *Chrysanthe*, M. à Rome.
	S. *Crépin* et S. *Crépinien*, nobles romains, Ap. de Soissons, MM.
	S *Front*, Ap. et Ev. de Périgueux.
Jeudi.	**26** *La Translation de S. Amand*, Ev. de Maëstricht.
	S. *Evariste*, P. et M.
	S. *Aptone*, Ev. d'Angoulême.
	S. *Polycrate*, Ev. d'Ephèse.
	S. *Bernward*, Ev. d'Hildesheim.
Vendredi.	**27** Ste *Sabine*, M. à Avila en Espagne.
	S. *Elesbaan*, roi d'Ethiopie, puis Rel.
	S. *Frumence*, Ev. d'Axum en Ethiopie.
	Le Vén. *Armand*, Réform. de la Trappe.

(1) Cette fête se célébrait à Paris anciennement.
(2) Ou *Ammon*.

F. DES MYSTÈRES.	FÊTES DES SAINTS.
Temps de la Trinité.	OCTOBRE.
Samedi.	**28** S. SIMON ET S. JUDE (1), Ap. Le B. *Alfred* le Grand, roi d'Anglet. S. *Abdias*, 1er Ev. de Babylone.
20e Dim. ap. la Pent.	**29** S. *Narcisse* le Grand, Patr. de Jérus., mort à 116 ans. Ste *Ermelinde*, V. en Brabant.
Lundi.	**30** Ste *Zénobie*, V. et M. en Cilicie. S. *Lucain*, M. en Beauce. S. *Artémas* (2), Disc. de S. Paul, Ev. de Lystres. S. *Marcien*, 1er Ev. de Syracuse.
Mardi.	**31** Ste *Lucile*, V. et M. à Rome. S. *Quentin*, Sénat. rom., Ap. du Vermandois, M.
	NOVEMBRE.
Mercredi. (Calendes.)	**1** LA FÊTE DE TOUS LES SAINTS (3), ou la Toussaint. Ste *Marie* de Néocore, esclave, M. S. *Austremoine*, 1er Ev. de Clermont. S. *Harold* (4), roi de Danemark, M. S. *Flour*. 1er Ev. de Lodève.
Jeudi.	**2** LA COMMÉMORATION DES FIDÈLES DÉFUNTS (5), ou *fête des Morts*. S. *Elpidéphore*. M. en Perse. S. *Tobie* et S. *Eudoxe*, MM. à Sébaste. S. *Malachie*, Arch. d'Arm., Prim. d'Irl.
Vendredi.	**3** Ste *Silvie*, mère de S. Grégoire le Gr. S. *Hubert*, neveu de Clotaire, dern. Ev. de Maëstricht et 1er Ev. de Liége. S. *Humbert*, Arch. de Besançon. S. *Papoul*, Ev. dans le Lauraguais, M. S. *Marcel*, Ev. de Paris.

(1) Ou *Thadée.*
(2) D'où *Artémise.*
(3) Établie à la dédicace du Panthéon, consacré à la Ste Vierge et à tous les Martyrs.
(4) *Haraldus*

F. DES MYSTÈRES.	FÊTES DES SAINTS.
Temps de la Trinité. — Samedi.	NOVEMBRE. — **4** S. *Charles* (1) *Borromée*, Card., Arch. de Milan. S. *Amant*, 1ᵉʳ Ev. de Rodez. S. *Vital* et S. *Agricole*, MM. à Bologne en Italie. S. *Emeric*, fils de S. Etienne, roi de Hongrie.
21ᵉ Dim. ap. la Pent. (Nones.)	**5** S. *Zacharie*, père de S. Jean Baptiste. S. *Agathange*, M. à Ancyre. Sᵗᵉ *Bertille*, 1ᵉʳ Ab. de Chelles, près Paris. S. *Philotée*, M. en Palestine.
Lundi.	**6** S. *Léonard*. neveu de Clovis, Disc. de S. Remi, Solit. en Limousin. Sᵗᵉ *Léonor*, V., Ab. de l'O. de S. Ben. S. *Luc*, Institut. des moines du mont Etna.
Mardi.	**7** S. *Amaranthe*, Ev. d'Albi, M. S. *Willebrod*, 1ᵉʳ Ev. d'Utrecht. Ap. de la Frise et du Danemark. S. *Engelbert*, Arch. de Cologne, M. S. *Florent*, Ev. de Strasbourg. S. *Hiéron*, M. à Mélitine. S. *Ernest*, Ab. en Souabe. M. à la Mecque.
Mercredi.	**8** Les *quatre Couronnés*, frères, MM. à Rome. S. *Dieudonné* (2), Pape. S. *Nicostrate*, époux de Sᵗᵉ Zoé, M. à Rome. S. *Godefroi*, Ev. d'Amiens. S. *Villehad*, 1ᵉʳ Ev. de Brême.
Jeudi.	**9** La Dédic. de la *Basiliq. du Sauveur* (3). La Mémoire de l'*Image du Sauveur*, à Beryte en Syrie. S. *Théodore*, soldat, M. à Amasée. S. *Oreste*, M. à Tyane en Cappadoce. Sᵗᵉ *Sopatre*, V., fille de l'Emp. Maurice.

(1) D'où *Charlotte, Caroline, Coralie*; puis *Carl* ou *Karl*.
(2) *Deus dedit.*
(3) Nommée ordinairement *S.-Jean-de-Latran*, « la mère et le chef de toutes les églises. »

F. DES MYSTÈRES.	FÊTES DES SAINTS.
Temps de la Trinité.	NOVEMBRE.
Vendredi.	**10** S. *André* Avellin. Théatin, à Naples. Ste *Nymphe*, V. et M., Patr. de Palerme. Ste *Florence*, M. à Agde. Ste *Catulle*, dame de Paris. S. *Juste*, 4e Arch. de Cantorbéry. S. *George*, 1er Ev. du Puy, M.
Samedi.	**11** S. MARTIN, Arch. de Tours, Patr. de la France. S. *Mennas*, Sold. égyp., M. en Phrygie.
22e Dim. ap. la Pent, Fête du *Patronage* de la Ste Vierge.	**12** S. *Nil*, préfet de Constant., puis Rel. et Ab., P. de l'Eglise. S. *Léonie*, Pr. de Melun. S. *René*, Ev. et patron d'Angers. S. *Cunibert*, Arch. de Cologne, conseiller de Dagobert et de Sigebert.
Lundi. (Ides.)	**13** S. *Stanislas* Kotska, de la Comp. de J. S. *Léonien*, Ab. à Vienne. Ste *Zébine*, M. à Césarée en Palestine. S. *Ephise*, M. en Toscane.
Mardi.	**14** Ste *Balsamie*, nourrice de S. Remi à Reims. S. *Laurent*, Ev. de Dublin. S. *Dubrice*, Ev. de Landaf, au pays de Galles.
Mercredi.	**15** Ste *Gertrude*, V., Ab., célèbre par ses révélations. S. *Eugène*, Disc. de S. Denis, M. à Paris. S. *Léopold*, marquis d'Autriche. S. *Malo* (1). Ev. en Bretagne. S. *Géry* (2), Ev. de Cahors. Le B. *Albert* le Grand, Ev. de Ratisb., célèbre docteur.
Jeudi.	**16** S. *Edmond* (3), Arch. de Cantorbéry. S. *Othmar* (4), Ab. de S.-Gal en Suisse. S. *Quintilien*, Ev. de Séleucie. Ste *Othilde*, Rel. en Allemagne. Ste *Lucie* de Narni, V. de l'O. de S. Dominique.

(1) Ou *Maclou*.
(2) *Desiderius*.
(3) Ou *Edme*.
(4) Ou *Omar*.

F. DES MYSTÈRES.	FÊTES DES SAINTS.
Temps de la Trinité. ——	NOVEMBRE.
Vendredi.	**17** S. *Grégoire* de Tours, Arch., célèbre historien. S. *Alphée*, M. en Palestine. S. *Lazare* le Peintre, Pr. et Relig. à Constantinople. S. *Grégoire* Thaumaturge, Ev. de Néocésarée. S. *Zacharie*, cordonnier, hon. chez les Grecs. La Vén. *Marguerite-Marie*, de l'O. de la Visitation. S. *Denis* d'Alexandrie, Patr., savant et écrivain.
Samedi.	**18** S. *Odon*, 2ᵉ Ab. de Cluny. S. *Fridien*, Ev. et Patron de Lucques.
23ᵉ Dim. ap. la Pent.	**19** Sᵗᵉ ELISABETH (1) de Hongrie, duchesse de Thuringe. S. *Aza*, soldat, M. en Isaurie. S. *Théodemir*, Chan. d'Orléans, puis Ab. de S. Maximin.
Lundi.	**20** S. *Félix* de Valois, Fond. de l'O. de la Merci. S. *Edmond*, roi d'Angleterre, M. S. *Octave*, de la légion Thébéenne, M. Sᵗᵉ *Maxence*, V. et M. en Beauvaisis. Sᵗᵉ *Rosébie*, servante de Sᵗᵉ Maxence, M. Sᵗᵉ *Roselle* (2), V. et M.
Mardi.	**21** LA PRÉSENTATION DE LA Sᵗᵉ VIERGE. S. *Albert*, cardinal, Ev. de Liége, M. S. *Colomban*, Ab., auteur de la 1ʳᵉ règle monastique en France. S. *Zéphyre*, M. à Antioche.
Mercredi.	**22** Sᵗᵉ *Cécile*, V. et M. à Rome, épouse de S. Valérien. S. *Philémon*, Disc. de S. Paul, M.
Jeudi.	**23** S. *Clément*, P. et M. Sᵗᵉ *Lucrèce*, V. et M. à Mérida en Espagne.

(1) Par abrév. *Elise*, puis *Zélie* (Rit. de Belley), enfin *Zéline* (Rit. de Paris); en anglais *Bethzy* ou *Lisbeth*.
(2) Ou *Rosélie*.

150

F. DES MYSTÈRES.	FÊTES DES SAINTS.
Temps de la Trinité.	**NOVEMBRE.**
	S. *Amphiloque*, Ev. d'Icone, ami de S. Basile.
	Ste *Faustine*, femme de l'Emp. Maximin, M.
Vendredi.	**24** S. *Jean* de la Croix, 1er Rest. de la Règ. primit. des Carmes déchaussés.
	Ste *Firmine*, V. et M. en Ombrie.
	Ste *Flore*, V. et M. à Cordoue.
	S. *Chrysogone*, M. à Aquilée.
Samedi.	**25** Ste CATHERINE, V. et M. à Alexandrie.
	S. *Mercure*, soldat, M. à Césarée en Cappadoce.
	S. *Pierre* d'Alexandrie, Patr. et P. de l'Eglise.
24e Dim. ap. la Pent.	**26** S. *Phildas*, Ev. de Tmuis, M. à Alexandr.
	S. *Conrad*, Ev. de Constance.
	Ste *Victorine*, M. en Afrique.
	S. *Amateur*, 1er Ev. d'Autun.
Lundi.	**27** S. *Virgile*, Ev. de Saltzbourg, Ap. de la Carinthie.
	Ste *Salomée*, duchesse de Sandomir.
	S. *Siffrein* (1), Ev. de Vénasque, patron de Carpentras.
	S. *Jacques* l'Intercis, M. en Perse, sous Isdegerde.
	S. *Maxime*, 1er Ev. et Patron de Riez.
	S. *Basilée*, Ev. et M. à Antioche.
Mardi.	**28** S. *Sosthène*, Disc. de S. Paul, Conf. à Corinthe.
	S. *Casimir*, moine, puis roi de Pologne.
Mercredi.	**29** S. *Saturnin*, Ap. et 1er Ev. de Toulouse, M.
	La B. *Rosade*, M. dans le Gevaudan.
	S. *Philomène*, M. à Ancyre.
Jeudi.	**30** S. ANDRÉ, Ap.
	Ste *Justine*, V. et M. à Padoue.
	Ste *Herwige*, V. en Artois.
	Le Baptême de S. *Ambroise*.

(1) Ou *Suffroi*. Le siége de Vénasque a été, dès le 6e siècle, réuni à celui de Carpentras.

151

F. DES MYSTÈRES.	FÊTES DES SAINTS.
Temps de l'Avent.	**DÉCEMBRE.**
Vendredi. (Calendes.)	**1** S. *Eloi*, orfèvre, Ev. de Noyon. S. *Olympiade*, consul, M. en Ombrie. S. *Léonce*, Ev. de Fréjus, M. S. *Philarète*, Conf. en Paphlagonie.
Samedi.	**2** Sᵗᵉ *Bibiane*, V. et M. à Rome, sous Julien l'Apostat. Sᵗᵉ *Pauline* et Sᵗᵉ *Aurélie*, MM. à Rome. Sᵗᵉ *Eve*, V. en Angleterre.
1ᵉʳ Dim. de l'Avent.	**3** S. *François Xavier*, de la Comp. de Jésus, Ap. des Indes. S. *Lucius*, roi en Anglet., puis Ev. de Coire, Ap. des Suisses. Sᵗᵉ *Atala*, V. à Strasbourg.
Lundi.	**4** Sᵗᵉ BARBE, V. et M. à Nicomédie. S. *Pierre* Chrysologue, Arch. de Ravenne, D. de l'Eglise. S. *Osmond*, comte de Seez, Ev. de Salisb. S. *Maruthas*, Ev. en Mésopot., ambassadeur romain en Perse.
Mardi. (Nones.)	**5** S. *Sabas*, Ab., Fond. de plusieurs monastères en Palestine. S. *Anastase*, M., hon. chez les Grecs.
Mercredi.	**6** S. NICOLAS, Arch. de Myre. Sᵗᵉ *Léonce* (1), M. en Afrique. Sᵗᵉ *Aselle*, V. romaine.
Jeudi.	**7** L'Ordination de S. *Ambroise*, Arch. de Milan. S. *Agathon*, militaire, M. Alexandrie. Sᵗᵉ *Fare*, V., 1ʳᵉ Ab. de Farmoutier.
Vendredi.	**8** LA CONCEPTION DE LA Sᵗᵉ VIERGE. S. *Romaric*, Ab., Cons. du roi Théodeb. S. *Hildeman*, Ab. de Corbie, Ev. de Beauvais. S. *Zénon*, Ev. et patron de Vérone.
Samedi.	**9** Sᵗᵉ *Léocadie*, V. et M., Patr. de Tolède. Sᵗᵉ *Valérie*, V. et M. à Limoges. S. *Apollon*, Dis. de N.-S., Ev. de César.
2ᵉ Dim. de l'Avent.	**10** *Notre-Dame de Lorette* (2).

(1) Ou *Léontine*.
(2) Fête de la translation de la maison de la Sᵗᵉ Vierge de *Nazareth* à *Lorette*.

F. DES MYSTÈRES.	FÊTES DES SAINTS
Temps de l'Avent.	DÉCEMBRE.
	S. *Miltiade* (1), Pape.
	Ste *Eulalie* et Ste *Julie*, VV. et MM. à Mérida.
Lundi.	11 S. *Damase*, Pape.
	S. *Victoric*, M. à Amiens.
	S. *Athala* (2), M. en Perse.
Mardi.	12 S. *Valery*, Pr., Ab. en Neustrie.
	Ste *Ammonaire*, V. et M. à Alexandrie.
	S. *Synésius*, M. à Rome.
	S. *Sergius Paulus*, 1er Arch. de Narb.
Mercredi. (Ides.)	13 Ste LUCIE, V. et M. à Syracuse.
	S. *Eustrate*, M. en Arménie.
	Ste *Odile*, Ab. près de Strasbourg.
Jeudi.	14 S. *Pompée*, 2e Ev. de Pavie.
	S. *Nicaise*, Arch. de Reims, M.
Vendredi.	15 Ste *Chrétienne* (3), servante, Ap. des Ibériens.
	S. *Maximin* (4), Ab. de Mici, près Orléans.
	S. *Valérien*, Ev. d'Abbenze en Afr., M. sous Genséric.
Samedi.	16 S. *Eusèbe*, Ev. de Verceil, M.
	Ste *Albine*, V. et M. en Campanie.
	Ste *Adélaïde* (5), Impératrice, femme d'Othon Ier.
	Ste *Théophanie*, Impér. d'Or., femme de Léon VI.
	S. *Adon*, Arch. de Vienne en Dauph., auteur d'un Martyrologe.
	S. *Evrard*, marquis de Frioul.
3e Dim. de l'Av. (6).	17 S. *Lazare*, ressuscité par J.-C.
	Ste *Olympiade*, V., veuve de Nébride, préfet de Const.
	Ste *Iolande*, V. dans le Luxembourg.

(1) Ou *Melchiade*.
(2) D'où *Athalie*.
(3) Son nom propre était *Ninon*.
(4) Ou *Mesnin*.
(5) D'où *Delia*.
(6) Aujourd'hui, 17, commencent à Rome les grandes antiennes, qu'on appelle les O. de l'Avent, pour les 1res vêpres de la fête de l'*Expectation*.

F. DES MYSTÈRES.	FÊTES DES SAINTS.
Temps de l'Avent.	DÉCEMBRE.
—	—
	Ste *Vivine*, V. près de Bruxelles.
	Le B. *Anchise*, fils de S. Arnoul et bisaïeul de Pepin le Bref.
Lundi.	**18** *L'expectation de la Ste Vierge* (1).
	S. *Gatien*, 1er Ev. de Tours.
	S. *Paul* le Simple, Disc. de S. Antoine.
Mardi.	**19** S. *Némèse*, M. à Alexandrie.
	S. *Darius*, M. à Nicée.
	S. *Eberhard*, Ev. d'Interamna.
Mercredi. Quatre-T. Evangile de l'*An-nonciation*.	**20** S. *Philogène* (2), avocat, puis Patr. d'Antioche.
	S. *Técla-Haïmanot*, Inst. de la vie monast. en Ethiopie.
Jeudi.	**21** S. THOMAS, Ap.
	S. *Thémistocle*, berger, M. en Lycie.
	S. *Phocas*, jardinier, M. à Synope.
	Ste *Pélagie*, fille d'un roi des Indes, bapt. par S. Thomas, V. et M.
Vendredi. Quatre-T. Ev. de la *Visitation*.	**22** S. *Ischyrion*, militaire, M. à Alexandr.
	S. *Florus* (3), M. à Ostie.
Samedi. Quatre-Tem. L'ordination.	**23** Ste *Victoire*, V. et M. à Rome.
	S. *Cléomène*, M. en Crète.
	S. *Dagobert*, roi d'Austrasie, 2e du nom, patron de Stenay.
4e Dim. de l'Avent.	**24** S. *Delphin*, Arch. de Bordeaux.
	Ste *Irmine* (4), V., fille de S. Dagobert.
	Ste *Tharsille*, V., tante de S. Grégoire le Grand.
Lundi.	**25** LA NATIVITÉ DE N.-S. JÉSUS-CHRIST (5), ou *Noël*.
	Ste *Anastasie*, M. dans l'île de Palma-role.
	Ste *Eugénie*, V. et M. à Rome.
Mardi.	**26** S. ETIENNE, 1er diacre et 1er martyr.
	S. *Marin*, sénateur, M.

(1) L'attente de la naissance de Jésus-Christ.
(2) Ou *Philogone*.
(3) Ou *Flor*.
(4) D'où *Ermine* et *Irma*.
(5) La fête de *Noël* et celles qui s'y rattachent sont placées parmi les fêtes fixes, ne se trouvant pas, comme celle de Pâques, liée aux cérémonies de l'ancienne loi.

F. DES MYSTÈRES.	FÊTES DES SAINTS.
Temps de l'Avent.	DÉCEMBRE.
Mercredi.	**27** S. JEAN L'EVANGÉLISTE, Ap. S. *Zoïle*, Pr., à Aquilée.
Jeudi.	**28** LES SAINTS INNOCENTS, massacrés pour Jésus-Christ. Ste *Théophile*, V. et M. à Nicomédie. S. *Abel*, le 1er des Justes, hon. en Eth. S. *Théonas*, Patr. d'Alexandrie. S. *Caton*, M. en Afrique, S. *Boniface*, Disc. des Ap., 1er Ev. de Cagliari, M.
Vendredi.	**29** S. *Thomas* Becket, Arch. de Cantor-béry, M. Le S. roi *David*, Prophète. S. *Trophime*, 1er Arch. d'Arles. Ste *Eléonore* (1), M. en Irlande.
Samedi.	**30** S. *Appien*, M. à Alexandrie. S. *Roger*, Ev. de Cannes. S. *Ascole*, Ev. de Thessalonique.
Dim. dans l'Oct. de Noël.	**31** S. *Silvestre*, Pape. Ste *Mélanie* la Jeune, dame romaine. Ste *Colombe*, V. et M. à Sens.

QUIS MIHI DABIT PENNAS SICUT COLUMBÆ? ET VOLABO ET REQUIESCAM. (Ps. v, v. 7.)

« Qui me donnera des ailes de colombe? Je « prendrai mon vol, et j'arriverai au lieu de « mon repos. »

(1) *Alienordis*, d'où *Aliénor*.

Après la théorie vient la pratique, et le chrétien doit couronner la science par la piété. « L'Esprit du « Seigneur, dit l'Écriture, reposera sur lui, l'Esprit de « sagesse et d'intelligence, l'Esprit de conseil et de « force, l'Esprit de science et de piété; *Spiritus scien-* « *tiæ et pietatis.* »

Il ne suffit donc pas de savoir en quoi consiste le culte public, quelles sont les *fêtes et cérémonies de l'É-glise*, il importe de connaître quelles obligations l'É-glise, à ce sujet, impose aux chrétiens, et nous ne pou-vons mieux terminer notre travail que par cet exposé.

Dans *l'Échelle catholique*, nous avons indiqué ces obligations, et notamment rapporté les *Commandements de l'Église;* mais notre plan ne permettait pas d'expli-quer. Maintenant, pour une matière si importante, nous allons dire ce qui regarde tous les fidèles sans exception, ce qu'il est nécessaire à chacun de connaître et de pratiquer.

Remarquons d'abord, comme nous l'avons déjà ob-servé, que l'*Église enseignante*, c'est-à-dire saint Pierre et les Apôtres, puis le Pape et les Évêques, a été con-stituée par Jésus-Christ pour établir ce culte public, ces pratiques extérieures, sans lesquelles l'unité et l'union ne pouvaient s'établir ni subsister parmi les fidèles ; et que non-seulement elle en a le droit, mais que c'est pour elle un devoir positif. En effet, parmi les instructions et les ordres que le Sauveur montant au ciel donna à ses disciples, se trouve cette prescription : « Apprenez-leur à observer les préceptes que je vous « ai donnés. » L'Église doit donc fournir aux chrétiens les moyens les plus sûrs et les plus faciles pour accomplir les *Commandements de Dieu*, et pour se conformer aux préceptes de perfection que Notre-Seigneur a ajoutés à l'ancienne loi. Or, les meilleurs moyens se rapportent à trois principaux : 1° honorer Dieu ; 2° obtenir des grâces ; 3° corriger les vices. C'est pour ce triple bien qu'ont été publiés les Commandements de l'Église, dont nous donnons l'explication :

1ᵉʳ Comm. Les fêtes tu sanctifieras
Qui te sont de commandement.

Outre le *jour de repos* établi pour chaque semaine, Moïse avait prescrit de sanctifier certains jours, pour rappeler les merveilles que Dieu avait opérées en faveur de son peuple. Les Apôtres ont voulu de même que les principaux mystères et les principaux miracles qui servent de base à la religion, fussent célébrés dans le cours de l'année, afin d'en mieux inspirer et la croyance et le respect, afin de porter les chrétiens à adorer et remercier Dieu, qui a donné aux hommes ces moyens de salut. Sans doute les principales fêtes sont celles de

Pâques et de la *Pentecôte*, qui arrivent toujours le Dimanche. Mais *Noël*, où JÉSUS-CHRIST est venu au monde dans une étable ; l'*Ascension*, où il est monté au ciel ; l'*Assomption*, qui rappelle le triomphe de sa sainte Mère ; la *Toussaint*, qui le représente au milieu des élus, dont il est le roi, ces fêtes, que l'Église de France a conservées, et tant d'autres que la ferveur des autres Églises maintient et observe, méritent aussi l'attention et la vénération des chrétiens. C'est pourquoi ces fêtes sont *chômées*, commandées, imposées comme obligatoires. Elles doivent être sanctifiées de la même manière que le *dimanche*, par l'exclusion des *œuvres serviles* et la pratique des *œuvres de religion*.

2ᵉ COMM. Les dimanches messe entendras
Et les fêtes pareillement.

Ce commandement n'est pas la répétition de celui du Décalogue qui prescrit la sanctification du dimanche, du *jour de repos*. Mais depuis l'institution du Sacrement de l'*Eucharistie*, qui comprend le *sacrifice de la Messe*, il importait de prescrire aux fidèles une règle pour offrir à Dieu ce sacrifice, qui remplace, et bien merveilleusement, tous ceux de l'ancienne loi. Nous pouvons en effet, par ce moyen, être sûrs de présenter au Souverain Maître, au Bienfaiteur universel, des hommages qu'il accepte, à cause du *Médiateur* qui les lui porte en notre nom, l'*adoration*, la *reconnaissance*, la *supplication*, l'*expiation*. L'Église veut donc que, le dimanche et les fêtes chômées, nous assistions à la Messe, principalement à la *Messe de paroisse*. Voilà le premier, le plus important des actes de religion.

3ᵉ COMM. Tous tes péchés confesseras
A tout le moins une fois l'an.

Après avoir honoré Dieu, nous implorons ses grâces, et la première de toutes est la *rémission des péchés*. Or, comme l'enseigne le Symbole, elle se trouve entre les mains de l'Église catholique avec la *communion des Saints*. C'est à elle qu'il a été dit, dans la personne des Apôtres : « Tout ce que vous lierez sur la terre sera lié « dans le ciel; tout ce que vous délierez sur la terre « sera délié dans le ciel. » C'est à son chef suprême que le Seigneur a dit de plus : « Je vous donnerai les « clefs du royaume des cieux. » Ceux donc qui sont engagés dans les liens du péché, ne peuvent être affranchis que par les ministres de l'Église. Ils doivent avouer leurs fautes, et l'Église a tracé la formule de cette confession en ces termes :

« Je confesse à Dieu tout-puissant, à la bienheureuse « Marie toujours vierge, à saint Michel Archange, à « saint Jean-Baptiste, aux saints Apôtres Pierre et Paul, « à tous les Saints (et à vous, mon Père), que j'ai beau- « coup péché, en pensées, en paroles et en actions, par « ma faute, par ma faute, par ma très-grande faute.

« C'est pourquoi je prie la bienheureuse Marie tou-

« jours vierge, saint Michel Archange, saint Jean–Bap–
« tiste, les saints Apôtres Pierre et Paul, tous les Saints
« (et vous, mon Père), d'intercéder pour moi auprès
« du Seigneur notre Dieu. »

Il est donc nécessaire de déposer au tribunal de la
pénitence même les *péchés de pensée*, et tout ce qui a pu
déplaire à Dieu doit être soumis à l'appréciation du
confesseur, qui prononce ensuite la sentence d'*abso-
lution*.

Toutes les fois qu'on se sent coupable de péché mortel, on aurait besoin d'*aller à confesse;* mais pour fixer
les idées et régulariser la pratique du *Sacrement de Pénitence*, l'Église a décrété que chaque fidèle doit, au
moins une fois par an, se confesser à son *propre prêtre,*
c'est-à-dire à son *curé* ou à celui qui le représente.

4ᵉ COMM. Ton Créateur tu recevras
Au moins à Pâques humblement.

La rémission des péchés donne la *vie spirituelle* de
la grâce. Mais cette vie a besoin d'être entretenue
comme celle du corps, et la nourriture qui la conserve
et la développe est la *sainte Eucharistie*. L'Église a
aussi réglé le mode d'accomplissement du précepte à
ce sujet. JÉSUS-CHRIST ayant dit : « Faites ceci en mé–
« moire de moi, » elle a décidé que l'époque même de
l'année où ce commandement a été fait, serait celle où
tous seraient tenus de l'observer.

On doit donc *communier à Pâques*, et la fête pour l'observation du précepte commence au dimanche des *Rameaux*, et finit au dimanche de *Quasimodo*.

La *Communion pascale* doit se faire dans l'Église de la *paroisse*. Faite ailleurs, sans permission, elle est inutile pour satisfaire au devoir prescrit.

En ordonnant la confession et la communion annuelles, l'Église exprime le vœu qu'on ait plus souvent recours à ces deux sacrements, qui sont les sources les plus abondantes des *grâces* qu'il nous importe d'*obtenir*.

5e COMM. Quatre-Temps, Vigiles jeûneras,
Et le Carême entièrement.

Pour assurer le succès des moyens de salut, il faut faire disparaître les obstacles qui nous empêchent de parvenir. L'Église, en établissant certaines cérémonies, certaines pratiques de pénitence, nous a facilité l'obligation de *corriger nos vices*.

Le *jeûne* est la pratique la plus simple et la plus sûre pour donner à l'âme l'empire qu'elle doit avoir sur les passions du corps.

Sans doute le jeûne ne doit compromettre ni la vie ni la santé du corps, et l'intention de l'Église est, au contraire, par la privation de ce qui flatte les sens, d'assurer tout à la fois la vertu et la santé. Mais elle sait que la mortification est nécessaire, et elle veut nous la faire pratiquer.

Le jeûne ecclésiastique consiste à ne faire, dans la journée, qu'*un seul repas*, dont l'heure ne doit pas précéder midi. Le goûter ou la *collation*, qui suppose un simple rafraîchissement, n'admet que des aliments tirés du règne végétal, à moins que les évêques n'étendent la permission au lait et autres aliments expressément désignés. L'heure de cette collation dépend de celle où est placé le principal repas.

Les jours de jeûne sont :

1° Ceux des *Quatre-Temps*, qui consacrent par la pénitence chacune des quatre saisons de l'année, ainsi que nous l'avons dit ;

2° Les *Vigiles* ou veilles des principales fêtes qui sont déterminées par les règlements du diocèse ;

3° Le temps du *Carême*, qui commence quarante-six jours avant Pâques, le mercredi des Cendres, et qui, par le retranchement des dimanches, où le jeûne n'est jamais prescrit, comprend quarante jours, à l'imitation de ceux où Notre-Seigneur jeûna dans le désert.

Le jeûne comprend ordinairement l'*abstinence*, qui consiste dans le retranchement de certaines espèces de nourriture, comme nous allons le dire.

> 6° COMM. Vendredi chair ne mangeras,
> Ni le samedi mêmement.

Après la création, Dieu assigna aux hommes, pour leur nourriture, les végétaux que produit la terre, fruits, légumes, etc. Après le déluge, il leur permit de manger en outre la chair des animaux, et il est assez remarquable que la vie de l'homme soit, depuis cette époque, devenue notablement plus courte.

L'Église, tout en reconnaissant que ces diverses nourritures sont bonnes et sont permises en soi, a voulu néanmoins imposer à cet égard des privations.

Ainsi le *vendredi* et le *samedi* de chaque semaine, elle défend l'usage de la *chair des animaux* qui vivent dans l'air, ne permettant que la chair des poissons, qui vivent dans l'eau, ainsi que le lait et les œufs, qui proviennent des animaux ; tous les autres aliments sont permis.

Dans certaines contrées, la défense pour le *samedi* est levée, et dans un grand nombre de diocèses il en est de même du temps de Noël, où, pour célébrer la maternité de la sainte Vierge, l'usage de la *viande* est toléré le samedi.

Outre les vendredis et les samedis, l'*abstinence* est prescrite les jours de jeûne, les dimanches du Carême, et les trois jours des *Rogations,* ainsi que le 25 avril, fête de saint Marc. Elle s'unit aux processions et cérémonies expiatoires pour apaiser la colère de Dieu et attirer sa miséricorde et ses bienfaits.

Tels sont les *Commandements de l'Église,* qui, par des *fêtes et cérémonies,* par des pratiques extérieures, nous excite à ces pratiques intérieures de piété et de charité, par lesquelles est surtout honoré le Dieu qui *cherche des adorateurs en esprit et en vérité.*

Aussi, tandis que les devoirs intérieurs prescrits par

les *Commandements de Dieu* ne souffrent pas d'exception, les *Commandements de l'Église* admettent les exceptions et les dispenses.

La règle générale est que ces prescriptions n'obligent
pas quand il en résulte un *grave inconvénient*.

Mais comme il s'agit de *lois positives*, ce sont les in-
terprètes et les gardiens de cette législation spirituelle
qui doivent examiner les raisons et *donner les dispenses*.
Il faut donc s'adresser à son *évêque* ou à son *curé* pour
les obtenir, hors le cas de nécessité.

« Si quelqu'un n'écoute pas l'Église, qu'il soit pour
« vous comme un païen et un publicain. » Telle est la
maxime de JÉSUS-CHRIST lui-même, et les saints Pères
nous disent que *celui qui n'a pas l'Église pour mère, ne*
saurait avoir Dieu pour père.

Celui qui, au contraire, respecte les lois de l'Église,
souffrant, s'il le faut, le mépris du monde et les persécutions pour ne pas renoncer à sa foi, pour ne pas pa-
raître prévaricateur, le souverain Juge *l'avouera* pour
son disciple, pour son frère, *devant le Père céleste et ses*
Anges.

TYPOGRAPHIE DE H. VRAYET DE SURCY ET Cᵉ, RUE DE SÈVRES, 37.

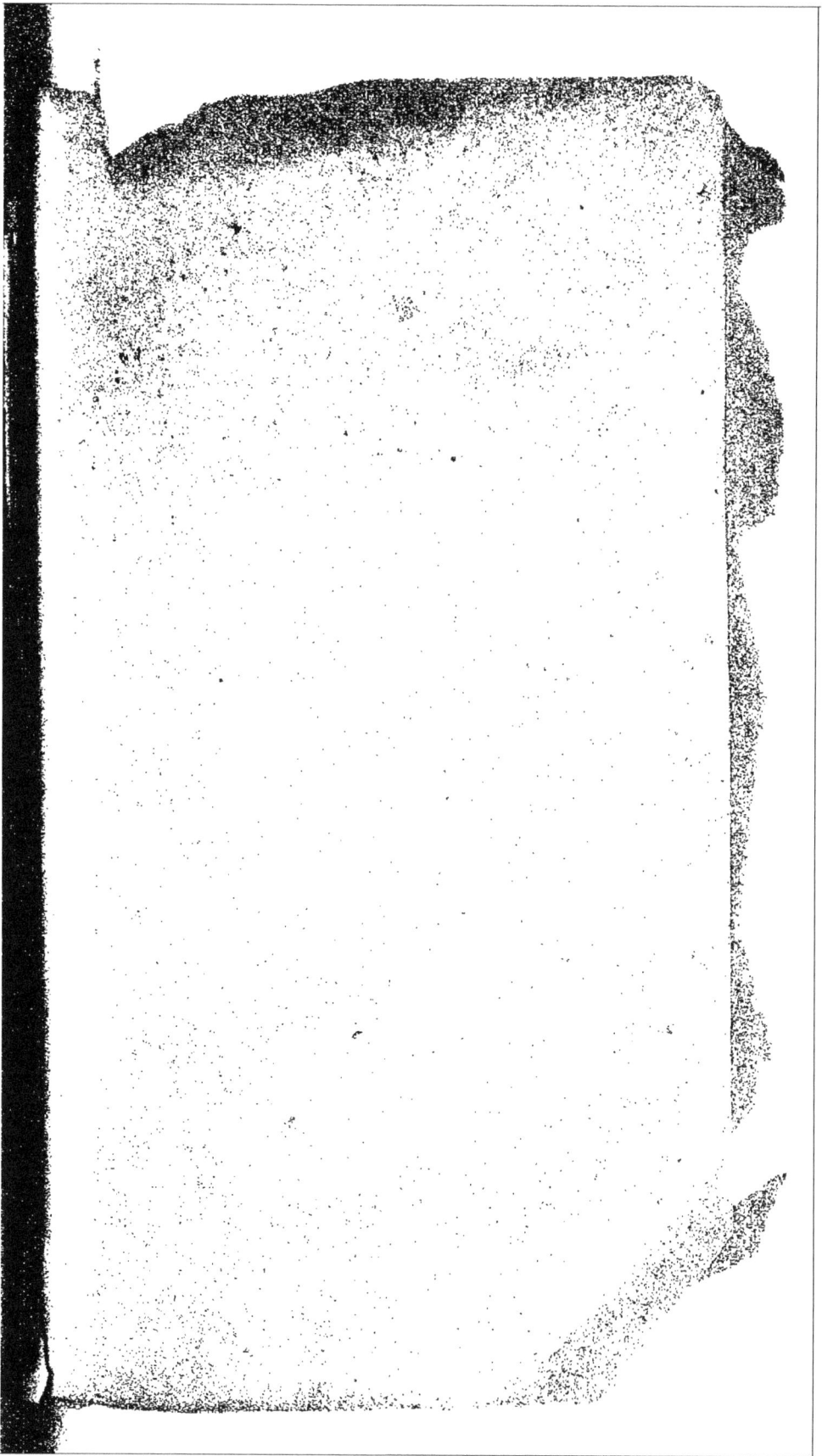

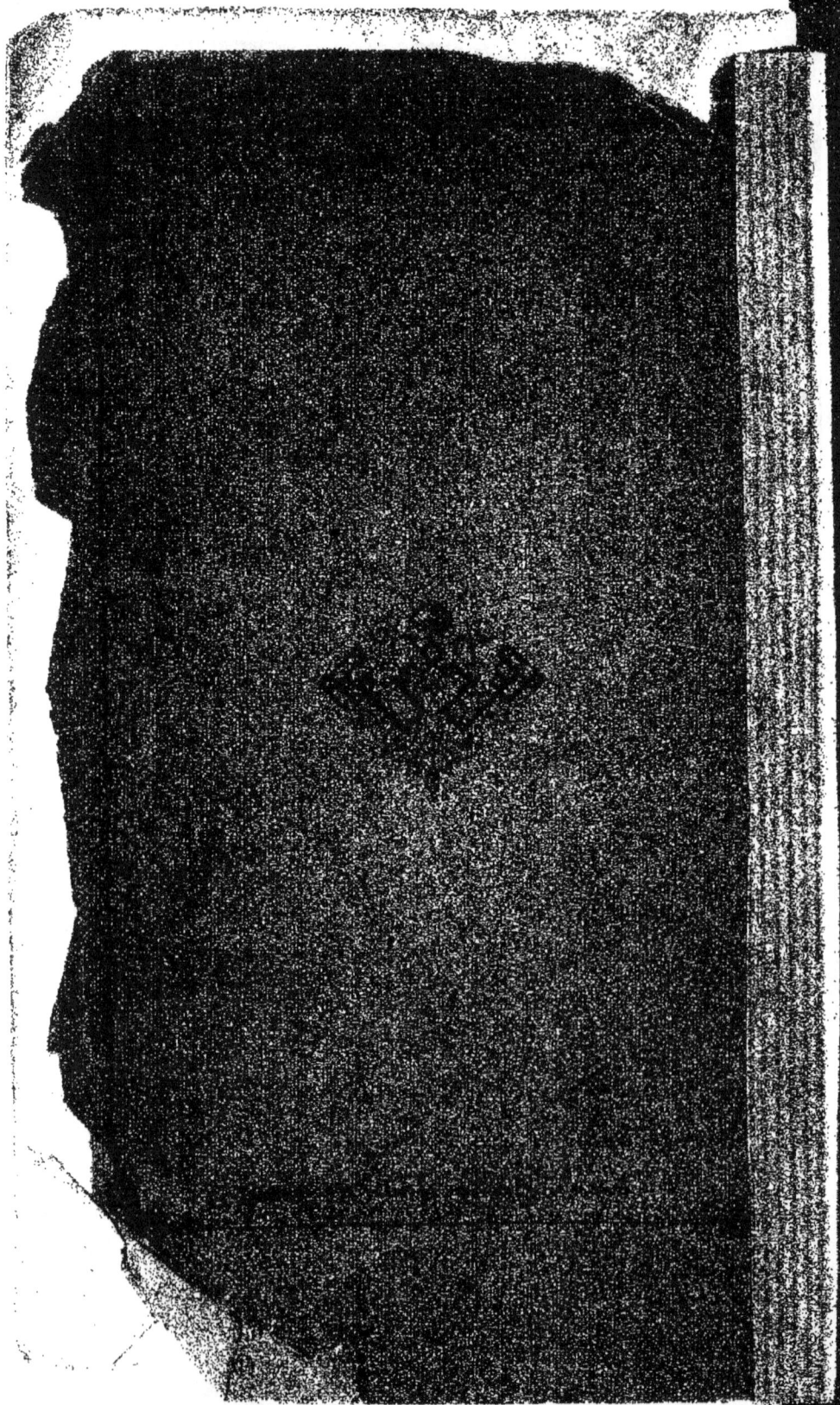